蚕桑资源课程化的创新与实践

李敏娟　贝勤英 著

吉林大学出版社
·长春·

图书在版编目（CIP）数据

蚕桑资源课程化的创新与实践 / 李敏娟，贝勤英著 .-- 长春：吉林大学出版社，2023.12
ISBN 978-7-5768-2755-2

Ⅰ.①蚕… Ⅱ.①李… ②贝… Ⅲ.①幼儿园－课程建设－研究 Ⅳ.① G612

中国版本图书馆 CIP 数据核字（2023）第 244342 号

书　　名：蚕桑资源课程化的创新与实践
CANSANG ZIYUAN KECHENGHUA DE CHUANGXIN YU SHIJIAN

作　　者：李敏娟　贝勤英
策划编辑：朱　进
责任编辑：朱　进
责任校对：曲　楠
装帧设计：王　强
出版发行：吉林大学出版社
社　　址：长春市人民大街 4059 号
邮政编码：130021
发行电话：0431-89580028/29/21
网　　址：http://www.jlup.com.cn
电子邮箱：jdcbs@jlu.edu.cn
印　　刷：三河市嵩川印刷有限公司
开　　本：787mm×1092mm　　1/16
印　　张：13
字　　数：200 千字
版　　次：2023 年 12 月第 1 版
印　　次：2023 年 12 月第 1 次
书　　号：ISBN 978-7-5768-2755-2
定　　价：55.00 元

版权所有　翻印必究

序

蚕桑资源：一张古镇名片成就师幼成长

每个人的心中都有一个江南，震泽幼儿园的江南就在蚕桑课程里、在幼儿的一日生活里。震泽幼儿园的蚕桑资源课程化建设是当地幼儿回归蚕桑之乡生活的具体体现。

五年前初到此处，这个背靠着古镇，跻身于一条热闹小弄堂的幼儿园给我留下了深刻的印象。陈旧的园舍透出来的是点点古镇文化、蚕桑特色的印记，藏不住的是一群朝气蓬勃、专业进取的震泽幼儿园教师。她们凭借着科学的教育理念、强烈的课程意识，带领幼儿在震泽这个现实和诗意的蚕桑之乡中亲近生活，感受生命成长的有力脉动，实现陈鹤琴先生"活教育"的课程愿景，以此生发具有震泽古镇特色的系列园本课程活动。

震泽幼儿园当时敏锐地嗅到了古镇蚕桑文化的浓厚气息，在蚕桑资源课程化建设的路上努力地用当地孩子日常生活中看得见、听得到、摸得着、吃得上的蚕桑的文化力量影响孩子。这条路上，他们翻越了三座山：发现并梳理蚕桑资源、开发和利用蚕桑资源、蚕桑资源课程化。

第一，发现并梳理蚕桑资源。在江南百镇中，太湖畔因蚕桑而生的丝绸名镇，即为震泽，蚕桑是震泽一张响亮的名片。震泽幼儿园的老师可以说是浪漫的教育工作者，他们将自己感受到的蚕桑文化中那些美好精粹化为课程资源，他们站在蚕桑文化中与儿童对话：以课程建设的视角去审视身边的资源，透过蚕桑资源本身，看到其对幼儿发展的独特教育价值，又尝试与幼儿的在园活动进行有效链接，真正做到了利用蚕桑资源这个载体，有效地实现了促进幼儿发展的目的。

第二，开发和利用蚕桑资源。就地取材后，让材料成功"活"起来，靠的是教师的智慧，所以，震泽幼儿园的教师又是一群富有创造力的教师。在蚕桑资源开发和利用的过程中，他们围绕园所周边与蚕桑相关的物质、精神等方面的资源进行了全面、细致的搜集、筛选、梳理，然后与《3～6岁儿童学习与发展指南》相关联并进行价值分析，通过全过程课程审议进行系列、多样化的活动生发，将蚕桑资源转化成适宜、有效的幼儿活动。这一过程就是从蚕桑资源到具体蚕桑活动的全部历程，实现了蚕桑资源与幼儿蚕桑活动、经验的有机联系。

第三，蚕桑资源课程化。蚕桑资源课程化对于震泽幼儿园而言是三座山中最高的一座大山，但他们拥有一个了不起的教师团队。在蚕桑资源开发利用的基础上，教师通过多维度、多层次和多元化的方式构建蚕桑资源课程化的整体框架体系，主要包括目标的制定、内容的确定、实施途径和课程的评价，真正实现了从蚕桑资源到蚕桑活动再到全面融入园本课程建设的蜕变。此过程不仅让蚕桑资源的有效开发利用达到了一个质的飞跃，而且是教师课程建设能力提升的关键点。

震泽幼儿园蚕桑资源课程化建设体现了传承精神和创造精神。首先是传承精神，蚕桑资源课程化建设其实就是对蚕桑文化的一种传承，让幼儿从小得到蚕桑文化的浸润，从而萌发一种从骨子里生长出来的、与蚕桑文化相关的家乡情怀。其次是创新精神，在太湖畔的震泽，摘桑、养蚕是当地人们谋生的一种主要方式。震泽幼儿园将蚕桑资源与幼儿活动、经验进行紧密结合，让幼儿在进行蚕桑实习场参观、游戏等活动时，与周围的蚕桑环境进行有效的互动而获得有益经验。

祝贺震泽幼儿园在蚕桑资源课程化方面所取得的成果。祝愿震泽幼儿园在蚕桑资源课程化的建设路上越走越远、越走越好！

张 晗

苏州幼儿师范高等专科学校

2022年2月8日

目 录

绪 论 ·· 1
  一、缘起 ·· 1
  二、蚕桑资源课程化研究的历程 ··· 4
  三、成绩 ·· 7
  四、创新点 ··· 9
  五、我们的问题与思考 ··· 10

第一章　蚕桑资源的理论探索 ·· 15
  一、蚕桑资源的教育价值 ·· 15
  二、蚕桑资源的开发和利用 ·· 19
  三、蚕桑资源开发与利用的保障机制 ···································· 29

第二章　基于蚕桑资源的幼儿园文化建设 ································· 32
  一、幼儿园文化 ··· 32
  二、基于蚕桑资源幼儿园文化建设的特点 ····························· 33
  三、蚕桑资源园所文化建设的探索和实践 ····························· 36

第三章 基于蚕桑资源的园本课程建设 …… 42

一、园本课程 …… 42
二、蚕桑资源在园本课程建设中的作用 …… 42
三、蚕桑资源园本化开发的策略 …… 43
四、蚕桑资源园本化的理念与思路 …… 45
五、蚕桑资源开发园本化的框架 …… 50
六、基于蚕桑资源生成主题活动 …… 52
七、系列开发蚕桑资源，使蚕桑活动立体化 …… 55

第四章 基于蚕桑资源的幼儿园环境创设 …… 60

一、蚕桑资源融入幼儿园环境创设的价值 …… 60
二、蚕桑资源融入公共环境创设 …… 65
三、蚕桑资源融入班级环境创设 …… 74
四、蚕桑资源融入户外环境创设 …… 83

第五章 基于蚕桑资源生活活动的探索与实践 …… 89

一、蚕桑资源在生活活动中的价值 …… 89
二、蚕桑资源融入幼儿生活活动的原则 …… 91
三、蚕桑资源融入幼儿生活活动的实例 …… 98

第六章 基于蚕桑资源区域活动的探索与实践 …… 106

一、基于蚕桑资源区域活动的价值 …… 106
二、基于蚕桑资源区域活动的类型 …… 109
三、基于蚕桑资源区域活动的实施策略 …… 112
四、基于蚕桑资源的各年龄段区域设置 …… 115
五、基于蚕桑资源的室外区域活动实例 …… 123

第七章　基于蚕桑资源专室活动的探索与实践 …… 126

一、蚕桑资源专室开发和建设的意义 …… 126

二、蚕桑资源专室的种类 …… 130

三、蚕桑专室开发与利用的基本原则 …… 133

四、蚕桑资源专室活动探索 …… 139

第八章　基于蚕桑资源主题活动的探索与实践 …… 149

一、蚕桑资源主题活动的价值 …… 149

二、蚕桑资源主题活动的内涵与特点 …… 150

三、蚕桑资源主题活动的组织与实施 …… 152

四、蚕桑资源园本主题活动实践案例与反思 …… 166

五、主题目标 …… 169

六、主题活动脉络图 …… 169

七、主题活动规划与方案 …… 170

八、主题活动实施建议 …… 177

参考文献 …… 192

后记 …… 192

绪 论

一、缘起

震泽地处吴头越尾,南连南浔,北临上海,是中国丝绸起源地之一,有着"中国丝绸小镇"的美称。震泽百姓种桑养蚕、缫丝织绸的历史,最早可以追溯到五千年前的新石器时代晚期。可以说,震泽因为蚕桑而形成了集市,又因为集市的兴旺而形成了震泽古镇。所以,古代有"天下丝绸品,震泽占三成"的说法。可想而知,蚕桑在震泽古镇中的地位是何等的重要。睿智的震泽人通过蚕桑产业链串联起了当地的三产,形成了从摘桑养蚕、煮茧缫丝到织服成被的全国罕有的经济发展模式。如今的震泽,在原有蚕桑的基础上又恢复了两千多亩的桑林,力求通过"一棵桑、一条蚕、一粒茧、一根丝、一匹绸"的蚕桑特色再次演绎吴地千年的蚕桑文化。在蚕和桑的串联下,震泽一个个带有蚕桑符号的文化地标应运而生,如太湖雪蚕桑园、丝创园、丝绵被加工厂等。近几年,震泽还重点推进了丝绸金融平台、茧丝绸交易中心等产业项目建设。这一系列的举措让震泽蚕桑特色的"新丝路"逐步显现,形成了"金花领衔、小花紧跟、百花齐放"的壮美蚕桑画卷。

由此可见,蚕桑是震泽百姓生活的一部分,它在人们的生活中有着举足轻重的作用。摘桑养蚕曾经是人们谋生的一种重要方式,人们通过养蚕让生活变得更好。由此可见,蚕桑文化是具有悠久历史的优秀文化,它积淀着厚重的历史。但是,随着产业的现代化发展,家家户户摘桑养蚕的生活模式已经一去不复返。原来的养蚕小作坊逐步被大中型蚕桑企业吞并，以至于蚕桑似乎远离了人们的生活，现代的年轻人甚至出现了害怕蚕宝宝的现象。

在幼儿园组织参观蚕桑园的亲子活动中，有一个环节是进入养蚕室，与蚕宝宝进行零距离的亲密接触。就是这个看似接地气的亲子活动却出现了意想不到的情况。有的家长带着孩子站在养蚕室的门口迟迟不敢进门，有部分勉强进门的家长面部表情紧张，产生恐惧的情绪。另一边，养蚕室里还时不时传来孩子和家长的尖叫声，"哎哟！好可怕呀！"养蚕摘桑是震泽古镇人们所特有的一种常态化的生活，是具有古镇特色的一种生活方式。可是，为什么现在的年轻父母和幼儿会出现害怕蚕宝宝的现象呢？蚕桑资源作为震泽古镇的一张名片，这种文化是否需要进行传承与发展？蚕桑资源能否进行开发和利用、是否能作为幼儿园课程建设的载体？针对以上问题，震泽幼儿园（以下简称"我园"）对课程建设进行了深度的思考。重点思考如何进行蚕桑资源的开发和利用、如何将其转化为幼儿可操作的具体活动，如何让幼儿在亲身体验的过程中获得经验等问题。只有解决了以上问题，蚕桑文化才能对幼儿的发展起到启蒙教育，才能充分发挥其传承的作用，从而更好地激发幼儿爱家乡、爱祖国的情感。所以，这是一件需要认真对待的事情。

蚕桑文化在震泽的历史可以追溯到几千年以前，在震泽发展的过程中对社会经济结构起到了稳固和延续的作用。蚕桑文化与震泽的饮食、民俗、景观、农耕文化等相互融合，形成了具有古镇特色的传统文化，并凸显了它强大的生命力和凝聚力。

（一）蚕桑文化的传承

党的十九大报告强调了文化的重要作用和地位，并且突出了传承中国特色社会主义文化的重要性。由此可见，国家一直是重视传承中国传统文化的。蚕桑作为震泽古镇的一种资源，经过几千年历史的积淀，已经初步形成了具有地域特色的传统文化。首先，从蚕桑文化自身发展的过程来看，它不断地与外界文化进行交流、融合，然后创新，从而形成了具有中国传统特色的蚕桑文化。这样的蚕桑文化有利于弘扬中国的民族文化，有利于建立民族认同感和自豪感。其次,从蚕桑文化的民族精神层面来看,它体现了中华民族艰苦劳作、自强不息的精神,能够有效地激发人们为创造幸福生活而努力奋斗的情感[①]。最后,在幼儿教育的领域中,蚕桑可以作为一种教育资源纳入幼儿园的教学活动中,我园通过对蚕桑资源的收集整理,开发出一系列的蚕桑课程活动,让幼儿在参观、实践、操作、体验中多渠道、全方位地获得蚕桑的有益经验。以此,让幼儿得到蚕桑文化的滋养,并在幼儿的心中种下一颗蚕桑文化的小种子,从而有效地激发幼儿热爱家乡的情感。他日,幼儿长大成才,无论走到哪里,都会怀有一丝对家乡的牵挂。

(二)蚕桑特色的打造

蚕桑是震泽的金字招牌,家家户户养蚕,成片成片的桑树园是震泽的靓丽风景线,各类蚕桑基地、丝绸被厂遍地开花,它们为震泽古镇营造了浓郁的蚕桑氛围。第一,开发蚕桑资源的价值。作为震泽古镇的一所幼儿园,蚕桑就是幼儿园特有的教育资源。所以,我园从收集、筛选、梳理蚕桑资源开始,将蚕桑资源底蕴转入幼儿可操作的活动,让蚕桑资源为幼儿的发展服务,并努力成为有蚕桑特色的震泽幼儿园。第二,进行蚕桑课题的研究。为了用好蚕桑这个资源,我园在"十五"到"十三五"期间围绕蚕桑资源成功立项了三轮省级课题,并以课题研究为切入口进行了长达二十多年的研究。在整个研究过程中,我园教师善于观察,注重积累,撰写了一百五十多篇相关论文、学习故事和课程故事。为此,我园的科研氛围逐步浓厚,科研水平稳步提升,骨干教师的成长速度明显加快。第三,加强蚕桑园所文化的建设。在新园启用之际,我园将蚕桑元素融于幼儿园的环境创设与文化建设之中,设计了以茧子为主要元素的破茧成蝶的园标,开辟了养蚕室、创设了蚕桑一条街、种植了桑树园等,最终,形成了"蚕桑文化孕育摇篮"的发展愿景。同时,我园在蚕桑精神的引领下,教师逐渐形成了团结、勤奋、创新的蚕宝教师专业精神,整个教师团队呈现出积极向上、你追我赶的创新

---

① 米婧玮. 中国传统蚕桑文化在文创产品中的设计研究 [D]. 重庆:西南大学.2020:15.

敬业氛围。由此可见，蚕桑已经成为我园的特色资源，在对蚕桑资源逐步开发和利用的过程中，蚕桑已经成为我园具有代表性的名片。

（三）蚕桑资源课程化的建设

蚕桑是震泽古镇特有的资源，有效地利用蚕桑资源进行课程化的建设是幼儿园品牌建设的一个途径。在课题研究的引领下，我园以蚕桑资源为载体，在收集和整理的基础上，着力开发蚕桑主题活动，从中提炼蚕桑资源课程化的目标，完善其评价的体系，做到目标、内容、实施和评价的全到位，从而有效地将蚕桑资源课程化。我园的蚕桑资源课程化以幼儿为主体、以蚕桑实习场的方式开展，让幼儿在操作、体验和实践中发现真实的问题并解决问题，从而获得蚕桑的有益经验。

基于以上背景，我园看到了蚕桑资源作为一种震泽的独特教育资源，在蚕桑文化传承、蚕桑家国情怀、蚕桑园所特色和蚕桑资源课程化等方面都是具有教育价值的。所以，作为幼儿教育工作者，我园要责无旁贷地开发和利用蚕桑资源，让它成就有特色的幼儿课程，成就幼儿的精彩童年。

二、蚕桑资源课程化研究的历程

伴随着课程改革的深入推进，我园充分利用蚕桑资源这一独特资源优势，在对蚕桑资源开发和利用的过程中进行蚕桑资源课程化的建设。追溯蚕桑资源课程化的研究历程，前后经历了二十多年的时间，大致可以分为四个阶段。这四个阶段并不是严格按照时间顺序接续的，有的研究呈现反复的态势，如蚕桑资源的收集和整理、蚕桑主题活动的开发、蚕桑实习场的创设等。

（一）2001年6月—2005年12月，散点挖掘，蚕桑资源课程化的萌芽阶段

在这一阶段，我园主要依托于苏州市教育科学"十五"规划课题，进行了震泽地域文化资源的收集和梳理，蚕桑资源只是作为其中的一个部分。当时的农村，养蚕的现象还是很普遍的，所以，我园抓住蚕和养蚕这两个点进行蚕桑资源的开发，主要以参观蚕桑园、养蚕农户、小范围的养蚕活动等方式来推进课程的实施。此阶段，我园开发了大量散点式的蚕桑集体

教学活动,如"有趣的蚕宝宝""蚕宝宝吃桑叶""高大的桑树"等。但是,这样的蚕桑集体教学活动具有一定的局限性,活动中幼儿动手操作的机会较少,主要以教师的讲解为主。而且,单个的活动之间相对比较独立,没有联系性。针对这些问题,我园开始设计能够让幼儿动手操作的活动,既能够调动幼儿全方位的感官,又能够方便教师随时随地开展活动。为此,我园开始研究幼儿园正在使用的蓝本课程,试图以蓝本课程为样本进行模仿。因此,这个阶段只是蚕桑资源课程化的萌发阶段。

(二)2006年1月—2017年8月,蚕桑资源生发领域教学活动阶段

此阶段,我园开始审视当时所用的蓝本课程,发现有部分课程主题脱离幼儿实际生活的现象。所以,我园萌生了主题替换的想法。也就是用我园设计的蚕桑主题替换蓝本课程中未能与时俱进的主题。为此,我园以蚕为主题,围绕与蚕相关的元素,进行了五大领域分科教学的主题活动设计。如大班科学活动"认识蚕宝宝"、小班语言活动"我的宝贝——蚕宝宝"、中班音乐活动"会跳舞的蚕宝宝"等。随着课程改革的推进,我园采用从园部审议到年级组审议再到班级审议的方式,逐步调整蚕桑主题的内容。我园从关注主题下的分科集体教学活动开始,慢慢地将视角转变为关注区角游戏的渗透、家长和社区资源的有效利用。但是,由于完全参照蓝本课程的格式,思维比较局限,幼儿获得的蚕桑经验是块状形的,前后欠缺连续性。因此,分科设计的蚕桑活动不利于幼儿蚕桑经验的整体建构,蚕桑资源课程化的体系也无法完善。此时,我园开始萌生了课程改革的想法,力求跳出固定的思维模式,突破原有蓝本的设计框架,寻求以全面融合的方法推进课程活动的设计,从而达到帮助幼儿获得连续性蚕桑经验的目的。至此,我园的蚕桑主题正逐步取代蓝本主题活动,进入蚕桑资源生发领域教学活动的阶段。

(三)2017年9月—2019年8月,脉络推进,蚕桑资源融入园本课程建设阶段

随着课程游戏化改革的大力推进,我园步入蚕桑资源融入园本课程建设的阶段。2017年9月,在震泽镇政府的大力支持下,异地新建的震泽幼儿园初具雏形,幼儿园的变迁让我园得到了愈加丰富的蚕桑资源。如何利用目前的蚕桑资源构建蚕桑园本课程是我园当时面临的最大困难。我园尝试将现在与未来新园的蚕桑资源进行组合,以从前、现在和未来的时间顺序推进园本课程建设。也就是在时间顺序的启发下,我园提出了以情境脉络的方式推进蚕桑资源课程化建设的新思路。至此,我园蚕桑资源融入园本课程建设进入了一个重要转折期。我园主要将前期开发的一系列点状的、单个的、相对比较独立的、幼儿可操作的蚕桑活动以情境脉络为线索,从点到线进行有效的串联,形成脉络式的主题活动。在此基础上,我园开始逐步关注蚕桑主题目标的设定、内容的选择、实施的路径和活动后的评价,为蚕桑资源课程化建设打下了坚实的基础。可见,在情境式脉络的推进下,我园蚕桑资源课程化的目标更加清晰,课程内容的连续性更强,实施途径更加多元化,评价的渠道更加广泛。但是,当时由于老园区硬件条件的限制,幼儿实践、探究的活动场所有限,导致幼儿无法获得直接的体验。所以,此阶段虽然蚕桑园本课程已经完整架构,但是还缺少了一些"血肉"。

(四)2019年9月至今,实习场探究、蚕桑资源课程化的深化拓展阶段

2019年9月,异地新建的震泽幼儿园正式启用,新园规模扩大了两倍,各项硬件设施也得到了大大的改善。新园条件的有力保障和蚕桑资源的再丰富,让我园的蚕桑资源课程化得到了质的发展。室内宽阔的大走廊、多样化的公共区域、丰富的专用教室和室外足够大的草坪、山坡、水系等活动场地满足了日常的教学需求。所以,我园大胆地提出了以实习场为切入口,探索蚕桑资源课程化建设的路径,目的旨在为幼儿提供一种感性的、综合性的真实学习情境。我园将太湖雪蚕桑园作为园外真实的实习场,并创设了园内拟真的实习场,如创建了桑树园、蚕桑一条街、蚕桑文化馆、养蚕室等,让幼儿在蚕桑实习场活动中发现问题、解决问题,从而获得有益经验。我园的蚕桑实习场是建立在幼儿能力可持续发展的基础之上的,以生态为背景,以尊重和维护自然为前提,注重人与人、人与自然、人与社会和谐共生的教育理念。此时,我园的蚕桑资源课程化已经"有血有肉"了。蚕桑资源课程化建设的目标更加符合幼儿的发展特点,促使幼儿在生活、游戏等多样化的活动中与周围环境相互作用,从而获得体验蚕桑课程的有益经验。

三、看蚕桑资源课程化建设的成绩

蚕桑资源课程化建设是一个漫长的研究过程。课程建设承载着幼儿园的文化,我园通过蚕桑资源课程化的建构与实施,希望能够在幼儿的心中播撒一颗蚕桑文化的小种子,使得蚕桑文化得以传承与发展。在这个过程中,作为蚕桑资源课程化建设主体的幼儿、教师、家长都经历了成长的蜕变。

第一,幼儿的成长:学习方式的拓展。我园蚕桑资源课程化建设的服务对象是幼儿,最终目的是促进幼儿关键经验的积累。在蚕桑资源课程化建设中,幼儿的学习阵地发生了大转变,学习方式开始走向多样化。教师充分利用震泽古镇的蚕桑资源,把蚕桑基地、社区、古镇、大自然都变成了幼儿的学习课堂。教师带领幼儿参观了蚕桑园、丝创园等蚕桑文化基地,开展了亲子采桑体验活动,还带领幼儿深入蚕桑园的养蚕基地探究、了解蚕在不同生命时期的各种特征、喂养方式,真正领略蚕生命周期的循环,让幼儿有效地感知了生命的意义。在蚕桑资源课程化的建设过程中,幼儿自由地、主动地、愉快地探索自己感兴趣的事物、现象或者困惑,去解决生活中遇到的问题,这真正体现了课程游戏化的精神。在这样的课程中,幼儿观察、发现、动手、动脑,他们的兴趣探究能力、创造表达能力、问题解决能力都有了明显的提升。

第二,教师的成长:教育视角的转变。蚕桑资源课程化的建设主体是教师,在课程实施的过程中,教师随时观察幼儿,根据幼儿的情况适时调整蚕桑主题的内容、蚕桑活动的形式、游戏材料的种类等。在这一过程中,教师的观察能力、课程建构能力、活动实施能力等专业能力都得到了提升。以前教师考虑较多的是我应该教什么,现在教师考虑的是幼儿可以学什么,幼儿是怎么学习的,什么经验是幼儿的有益经验,如何让蚕桑资源课程更生动、更有趣、更贴近幼儿的生活等。可见,教师的教育视角发生了根本的改变。教师能够以专业的敏感性去捕捉生活中的课程资源,从蚕桑资源的梳理到蚕桑资源的开发利用,再到蚕桑资源学习环境的调整,教师帮助幼儿开启了蚕桑资源课程化建设中深度学习的探究之路,自身也学会了以幼儿发展为目的的课程设计思路。

第三,家长的成长:育儿理念的更新。家长在蚕桑资源课程化建设的过程中具有举足轻重的作用。在蚕桑资源课程化的推进中,家长也是蚕桑资源课程化建设的主体之一,他们在课程建设中扮演着不可或缺的角色。以前的家长只关注幼儿学习的知识和技能,现在,他们能够参与幼儿的蚕桑活动,更加关注幼儿蚕桑学习过程中"哇"的时刻。这个过程其实就是家长从重结果到重过程的育儿理念的转变。同时,家长开始关注幼儿的游戏,能够为幼儿的蚕桑活动提供游戏材料,还能够以志愿者的身份参与幼儿的蚕桑游戏,成为幼儿游戏的合作者。

第四,园所的成长:文化特色的凝练。我园坚持以人为本,其实质就是一个以人为本的管理过程和管理模式的体现。在蚕桑资源课程化建设的过程中,我园围绕蚕桑资源的开发和利用,逐步进行了幼儿园的蚕桑物质建设、蚕桑制度建设、蚕桑精神文明建设和蚕桑行为文明建设。我园利用"蚕"的精神创设了一种勤奋、奉献、创新的敬业风格,在刻苦钻研、积极进取为主的文化氛围下,每一位幼儿都能在蚕桑文化的熏陶中茁壮成长。我国以蚕桑文化精神为主,整合震泽古镇的主流文化,形成多元文化的幼儿园文化特点。

第五,区域的辐射:课程成果的展示。通过蚕桑资源课程化建设,我园教师的教育观念发生了根本性的改变,幼儿的学习方式从灌输式走向了体验式,教师和幼儿的共同成长助推了幼儿园的发展。在二十多年的蚕桑资源课程化建设过程中,我园的课程整体框架体系已经完成了科学架构,课程目标、内容、实施和评价都已经趋于成熟。所以,蚕桑资源课程化已经成为我园的一张具有代表性的名片,研究成果在推广的同时受到了社会各界广泛关注,国家教育资源公共服务平台、学习强国等公众平台及媒体网络做了专题报道。我园先后获得苏州市园本特色课程二等奖,江苏省优质园,吴江区省、市教学成果培育对象等荣誉。

由此可见,我园的蚕桑资源课程化建设带来的成长是多方面、多维度的,我园的收获有个体的、也有团队的,有物质的,也有精神层面的。蚕桑资源课程化的建设不仅有效地推动了教师的专业成长,也将我园的发展推向了一个崭新的高度。

四、看蚕桑资源课程化的创新点

在蚕桑资源课程化的建设中，我园的目标不是培养养蚕达人，而是借助蚕桑资源这个载体培养幼儿的关键能力，从而促进幼儿的发展。基于这样的研究目标，我园必须把握好研究过程中的创新点，这里的创新点主要表现在全面化、课程化和儿童化三方面。

第一，经验指向全面化。经验指向全面化主要指幼儿蚕桑关键经验的发展更加清晰化、路径化、序列化，避免模糊化和碎片化。蚕桑资源课程化的过程中，幼儿的关键经验来源于基于植桑、采桑、喂养、抽丝、茧艺等创设的蚕桑学习情境，在创设的情境中，提出问题、分析问题、解决问题，基于"问题"的学习模式让幼儿在蚕桑实习场持续获得对其当下和将来都至关重要的经验，如主动思考、计划、反思、解决问题、与人合作和协商等。通过一系列蚕桑学习情境的实际探索促发幼儿原有经验的调适或发展，使其更加清晰化、路径化、序列化。

第二，资源开发课程化。资源开发课程化主要是指以蚕桑资源为载体，从蚕桑资源课程化的目标、内容、实施及评价这四个方面建构完整的蚕桑资源课程化体系。在课程实施的过程中，以课程审议和评价的方式不断调整和完善蚕桑资源课程化的内容，通过多轮修改达到更加符合幼儿的年龄特点、学习方式的目的。

第三，资源利用儿童化。资源利用儿童化主要是指基于蚕桑资源的开发，去成人化、去泛教育化。我园积极利用地域优势和已有资源开发适宜幼儿发展的蚕桑实习场，包括真实实习场和拟真实习场。多样化的蚕桑实习场为幼儿的学习提供情境，让幼儿在实习场的操作中积累经验、提升经验、生发经验。这种基于蚕桑资源开发的蚕桑实习场去成人化、去泛教育化，体现本土性、真实性、操作性、探究性与特色化，有利于幼儿蚕桑有益经验的发展。

脚踏实地，仰望星空，我园依托蚕桑资源课程化推进融教师、幼儿于园所的一体化发展，构建我园积极向上的园所文化。期待在不断完善、不断调整的过程中,能不断创建真正适合幼儿发展的课程。

五、问题与思考

(一) 问题

我园利用地域的优势充分挖掘蚕桑资源,有效地构建了园本课程,目前,蚕桑资源课程化的体系、目标、内容、实施和评价都已经基本完成,也取得了一定的成果。蚕桑课程,蚕桑案例活动,相关的论文、学习故事、课程故事等在省市级范围内发表并获奖,学习强国、《早期教育》杂志、国家公共资源平台对我园蚕桑资源课程化建设都进行了报道。可见,我园蚕桑资源课程化建设得到了教育界的认可,具有非常大的辐射作用。但是,我园在蚕桑资源课程化建设的过程中,还存在着一些困惑,需要进行及时反思。

1. 蚕桑资源的内容选择

蚕桑资源是震泽古镇一个重要的地域特色,是我园蚕桑资源课程化建设的一个重要载体。在对蚕桑资源梳理的前期,我园主要采用撒大网、聚焦点的方式进行资料的收集,从中选择适合课程开发的蚕桑资源并纳入课程建设。那么,到底怎样的蚕桑资源是适合幼儿园课程建设的呢?我园所建构的课程虽然经过了两轮的实施、调整和完善。但是,在具体的实践中还是发现较多地方存在着问题。如有的蚕桑内容幼儿不感兴趣,教师只能以讲解为主;有的蚕桑内容无法操作,缺少幼儿的探究过程;有的蚕桑内容太深奥,不符合幼儿的认知特点。

例如,教师的主观意识强。对于蚕桑资源内容的选择,我园主要以教师为主。全体教师从园内资源普查开始,在以幼儿园为中心1.5千米的区域进行资料的收集,然后进行蚕桑资源的筛选,最后进行蚕桑活动的设计。整个过程中,教师是蚕桑资源的收集者、提炼者和设计者,幼儿参与的机会较少,甚至出现没有幼儿参与的现象。

再如,忽视幼儿的主体性地位。幼儿园课程不同于中小学,学龄前幼儿处于具体形象思维阶段,课程建设的最终目的是促进幼儿关键经验的积累。所以,幼儿园课程的主体应该是幼儿,应充分发挥幼儿的主体性作用。但是,回顾我园蚕桑资源内容的选择,是以教师为主导的。教师应该大胆放手,给幼儿更多的探索机会,引导他们自己去发现问题,并生成相关的课程活动。

还有,幼儿缺乏有益经验。由于教师在前期收集到的蚕桑资源是相对零散的,相互之间的关联、融合度不够。再加上教师对蚕桑资源缺乏一个整体性的开发策略,导致蚕桑资源的开发变得随意。所以,幼儿在蚕桑活动中获得的蚕桑经验是零散的、片面的,缺乏一定的序列性。

2. 蚕桑资源的实施路径

蚕桑资源在我园课程化建设中的建设路径是比较多的。如我园蚕桑环境的创设、主题活动的实施、专用教室的设立、区域的创设、一日活动各个环节的渗透、家长资源的利用等。在蚕桑资源课程化的实施过程中,我园也不断地反问自己,是不是实施路径越多越好,不同的实施路径是否有不同的教育效果,不同的实施路径是否具有不可替代性。

第一,路径不同,内容相同。在蚕桑资源课程化的实施中,我园曾一度追求实施路径的多样化,从而忽视了蚕桑资源对幼儿多元化的教育功能。如教师在班级区域活动中提供茧子、剪刀、花托等材料,让幼儿去探索茧花的制作。在一楼长廊的创设中,教师在茧艺工坊也提供相同的材料让幼儿探究茧花的制作。在"茧子变变变"的实习场里同样投放了茧子,让幼儿去尝试制作茧花。由此可见,蚕桑资源课程化实施中路径不同,但是内容是相同的。这样的课程实施路径容易出现学习内容重复的现象,导致幼儿的蚕桑有益经验得不到发展,甚至出现不愿意学习的情况。

第二,关注路径的不可替代性。蚕桑资源课程化建设过程中,我园探究不同的实施路径,就是为了促进幼儿多元化、多途径、多层次的全方位发展。每一条实施路径都有自身的独特功能,所以,不同的实施路径应该是具有不可替代性的。但是,在具体落实的过程中往往会产生偏差。如教师在班级教室这样一个很狭小的空间里组织幼儿进行丝绸扎染,由于空间的限制,教师提供的染料很少,不利于幼儿探索。而且为了保持桌面、地面的整洁,活动中,教师一直不停地提醒幼儿要注意卫生,这样的提醒直接影响了幼儿创作的热情和专注度。而在户外丝绸扎染的创作活动中,教师结合园内的草坪、树木、水池等为幼儿提供更多更丰富的天然扎染材料,有小草、树皮、树叶、水果、蔬菜等,让幼儿在大自然的环境中自由、自主、愉悦、专注地进行深层次的探究。从中可以看出,这样的扎染活动并不适合放在室内,放到户外更加有利于幼儿的操作和探索。所以,在蚕桑资源课程化建设中教师还要关注实施路径功能的不可替代性。

3. 蚕桑资源的课程体系

按照国家对于课程的要求,蚕桑资源课程化建设应该包括课程目标、课程内容、课程实施和课程评价这四方面。我园在蚕桑资源课程化建设中,着力点在课程内容和课程实施上,对于课程目标和课程评价方面还是比较薄弱的。

第一,蚕桑资源课程化目标的落脚点要精准。教育的宗旨是促进幼儿的发展,不管是蚕桑资源的开发,还是蚕桑资源课程化的建设,我园最终的目的是促进幼儿蚕桑经验的架构及关键能力的提升。而蚕桑资源在幼儿成长的过程中只是一个课程实施的载体,不是终极目的。所以,我园蚕桑资源课程化的目标还要细化和调整,还要增强操作性、针对性,要指向培养幼儿的关键能力和良好品格。

第二,蚕桑资源课程化评价的手段要有针对性。我园在蚕桑资源课程化建设中,主要采用了学习故事、评价量表、教师评价和家长评价等相结合的评价方式。评价的方式很多,评价的量表也很多,但是,我园发现以往的评价还不够聚焦,缺乏针对性。如要关注个别幼儿某一方面能力的连续性评价,从而了解幼儿在原有基础上水平提升的情况。同时,也要关注幼儿的全面发展评价,了解幼儿对蚕桑经验建构的整体框架,从而达到评价的效果,以此来调整我园蚕桑资源课程化的内容设置,提高课程的适宜性。

由此可见,我园的蚕桑课程建设在蚕桑内容选择、实施路径和体系的架构等方面还存在着不足,在未来的实施中,我园将重点关注以上几个方面继续不断调整和完善。

(二) 思考

1. 梳理蚕桑资源的新内容

我园在前期的蚕桑资源梳理过程中过多地关注园外资源,注重将震泽古镇典型的蚕桑资源纳入课程,却忽视了幼儿园园内的资源,出现园内外资源比重偏差很大的现象。所以，接下来的工作中，我园要继续梳理园内外的蚕桑资源，力争将园内外的蚕桑资源进行系统整合，从而为蚕桑资源课程化建设精准架构体系做好充分的准备工作。

第一，资源的再梳理，关注园外资源的变化。随着震泽古镇发展脚步的加快，古镇上具有蚕桑资源特色的产业、商品等越来越多，蚕桑文化氛围也越来越浓厚。这些都是蚕桑资源，我园需要紧跟震泽古镇发展的脚步适时增减相关的蚕桑资源，让蚕桑资源课程化的建设紧跟时代的发展。

第二，视角的转变，注重园外与园内资源的整合。幼儿园是幼儿学习的主阵地，所以绝对不能忽视园内蚕桑资源的梳理。下一阶段，我园要在注重园外蚕桑资源梳理的同时，也要注重园内资源的梳理，并注重园内外资源的整合，有效地整理出园内外蚕桑资源的目录清单，真正做到园内外蚕桑资源的共同梳理、开发与利用。

2. 整合蚕桑资源的新效度

效度即有效性，它是指测量工具或手段能够准确测出所需测量事物的程度。整合蚕桑资源的新效度也就是指加强蚕桑资源之间的相互联系，并进行有效的融合，从而提升它的使用价值。震泽古镇的蚕桑资源虽然丰富，但作为丝绸震泽的一张具有代表性的名片，还是存在着商业化、成人化的现象。那么，如何让这样的蚕桑资源为幼儿的发展服务呢？我园认为要将园内外的蚕桑资源进行整合，让蚕桑内容更加符合幼儿的年龄特点、符合幼儿的发展规律，只有这样才能让蚕桑资源真正成为幼儿发展的重要载体。

第一，转化资源，有效融合。我园将继续梳理园内外的蚕桑资源，特别是要将园外蚕桑资源进行有效的转化，并将其与园内的资源进行有效的整合。让原本具有震泽古镇特色的蚕桑资源转化为幼儿可理解、可操作的活动，让幼儿在感知、操作和体验中获得新经验。蚕桑资源的有效整合的目的在于让蚕桑资源真正做到发挥其自身作用的同时，又能够结合其关联性拓展其教育价值。同时，蚕桑资源的有效整合能够避免资源的不重复利用，也可以减少教师的工作量。

第二，资源重组，形成序列。我园要将园内外收集的蚕桑资源的内容进行科学的统整,力争将散点式、面状的开发模式向网状的蚕桑知识框架体系转变,有效地完善系统化的蚕桑资源课程化体系,让幼儿获得的蚕桑经验变得具有系统性、连续性和序列性。

3. 探索蚕桑资源的新路径

合理利用蚕桑资源是蚕桑资源课程化建设的关键,在前期我园已经探索了很多合理利用蚕桑资源的路径和方法。虽然取得了一定的成果,但是,对幼儿来说,他们的学习特点和学习方式有着与中小学生不同的特点。所以,我园还将要继续探索更加适合幼儿学习的、能够与游戏相容的有效途径。

创设脉络式蚕桑实习场。在蚕桑资源课程化建设的过程中,我园已经在尝试创设蚕桑实习场,让幼儿在亲身感知、直接体验和实际操作中获得蚕桑有益经验。但是,我园的蚕桑实习场还处于比较零散、散点式的状态。在接下来的研究中,我园将以蚕为中心,以蚕的生命周期为脉络创设具有关联性的、脉络式的蚕桑实习场,帮助幼儿获得蚕桑方面连续性的、序列性的有益经验。

探究生态式理念融入的路径。我园前期的蚕桑资源课程化建设只是局限在蚕桑领域当中,其实随着养蚕活动的深入开展,教师发现蚕其实与人、社会、自然等都是有关联的。所以,我园对蚕桑资源课程化的探索不能仅仅局限在蚕和桑这样两个关键元素之中,而应该将它置身于整个生态环境当中,让它与周围的环境、人与社会都要产生互动,从而形成一个错综复杂、不断生长的课程体系。这样的课程体系才是具有生命力的,才是真正适合幼儿发展需要的,也是能够紧跟震泽古镇蚕桑特色发展脚步的。

在未来的蚕桑资源课程化建设中,我园将继续梳理和整合园内外资源,丰富和拓展蚕桑资源的内容,以生态式理念思考蚕桑资源融入园本课程的路径,例如蚕桑课程中的养蚕活动。我园还将依托蚕桑资源课程化建设,有效推进教师的专业成长,让教师队伍建设呈现出更大的成效。总之,我园将继续行走在课程建设的道路上,以课程建设为抓手,将幼儿园的发展推向一个新高度。

第一章　蚕桑资源的理论探索

太湖流域是我国最重要的蚕桑产地,震泽是太湖古名,2013 年中国纺织品商业协会授予震泽镇"中国蚕丝之乡"称号。我园充分利用这一得天独厚的地域资源,聚焦蚕桑资源对幼儿关键能力的发展,注重挖掘蚕桑资源,创设蚕桑学习情境,为发展幼儿各领域关键能力服务。在蚕桑资源课程化的建设中,我园确立了"在幼儿心中播种一颗蚕桑文化种子"的课程愿景,并确定幼儿的发展目标为"勤奋、探究、梦想"。

一、蚕桑资源的教育价值

蚕桑资源是指人们在养蚕和种植桑树的过程中所形成的一系列人、事、物的总和,其中包含的教育价值元素特别多,如传统蚕桑文化的传承、养蚕的知识技能、劳动品格的培养等。由于幼儿的思维是以具象思维为主的,所以他们主要以游戏的方式进行学习。我园在蚕桑资源课程化建设的过程中,需要考虑幼儿的生活、年龄特点和发展需要等。

(一)蚕桑资源植入幼儿教育具有可行性

蚕桑资源对幼儿的教育是否具有价值,是蚕桑资源能否纳入幼儿园课程建设的关键点。所以,我园首先对蚕桑资源进行了教育可行性的分析,主要从本园的地理优势、蚕桑资源的特点及本地可用的蚕桑资源等方面进行分析。

1. 地理优势

震泽古镇地处太湖流域，是蚕桑产业的重要之地。这里曾经家家户户养蚕，桑树林地密集，养蚕是震泽古镇人们保留的传统农业之一。震泽古镇的祖祖辈辈都受到了养蚕文化的滋养，都是养蚕的高手。从震泽的蚕桑地域特色和人们养蚕的生活方式可以看出，震泽这片土地具有浓厚的蚕桑氛围，这样的蚕桑氛围浸润着幼儿的现实生活。所以，蚕桑资源是幼儿熟悉的，摘桑养蚕的生活也是震泽古镇幼儿生活的一部分，这对于蚕桑资源的开发和利用是非常有优势的。

2. 操作性强

摘桑养蚕的过程主要包括种桑和养蚕，我园围绕蚕和桑这两大元素，拓展蚕的生命周期全过程，其中的每一个环节都离不开人们的劳动。劳动就是一种操作和体验，是劳动者不断与蚕桑中的人、事、物进行互动、获得收获的过程。结合《3~6岁儿童学习与发展指南》的精神，在摘桑养蚕的过程中，我园可创设真实的情境让幼儿动手操作和实践，如种植桑树、照顾桑树、采摘桑叶、饲养蚕宝宝等，在一系列的操作活动中培养幼儿劳动的意识、团队合作的意识及对生命的敬畏意识等。

3. 资源丰富

震泽古镇的蚕桑资源非常丰富。首先，基地资源丰富。随着震泽古镇获评"中国丝绸小镇"，古镇上关于蚕桑文化方面的基地随之兴起，如太湖雪蚕桑文化园、丝创园、丝绵被加工厂等，这些蚕桑基地的兴起不仅为震泽古镇营造了浓厚的蚕桑文化氛围，而且有效拓展了我园蚕桑活动的园外实习场地。蚕桑基地的兴起能够弥补我园园内蚕桑实习场的不足，让幼儿的蚕桑活动更加真实、有效和丰富。其次，人力资源丰富。由于处于养蚕地带，我园的家长都具有一定的养蚕技能，所以，他们都能够成为我园的教育资源，是我园蚕桑资源课程化建设的合作者、支持者。同时，各类蚕桑基地的专业团队都有着蚕桑方面的专业知识，为我园的摘桑、养蚕、抽丝、剥绵、拉丝绵等蚕桑活动提供专业的保障。所以，蚕桑资源的丰富性为我园进行蚕桑资源课程化建设提供了可能性。

我园基于对蚕桑资源的地理优势、可操作性和丰富性三方面进行了教育可行性的价值判断。结果表明震泽古镇具有相当丰富的蚕桑资源,是幼儿比较熟悉的资源,且来源于幼儿的生活。所以,以蚕桑资源为载体进行蚕桑资源课程化的建设具有可行性。

(二)蚕桑资源能够凸显我园办园特色

蚕桑资源是幼儿园发展依托的重要资源。有效地开发和利用蚕桑资源,能够帮助我园进行相关的课题研究、衔接不同学段研究的需要,也能够有效地凸显我园蚕桑资源课程化的特色品牌。

1. 课题研究的需要

我园的发展很大程度上依托于课题的研究,好的课题研究能够成就一所高品质的幼儿园。那么,选题从何而来。我园认为要基于幼儿园自身优势,即身边资源的开发。所以,我园在"十三五"省级课题《基于"学习故事"的蚕桑文化的园本课程优化》研究的过程中,主要依托震泽古镇的文化资源,通过对震泽古镇进行多维度、多元化的资源开发与利用,最终聚焦蚕桑资源课程化的建设。由此可见,以蚕桑资源为载体的课题研究是接地气的,是值得研究的。

2. 学段衔接的需要

近几年,震泽镇政府对教育大力投资,着力打造震泽古镇的品牌教育,即幼儿园、小学、初中和高中一条龙蚕桑特色品牌。因此,纵观震泽古镇的幼儿园、小学和初、高中阶段的学校,特色课程都是围绕震泽古镇蚕桑资源进行的。但是,不同学习阶段的教学对象具有不同的学习特点,相同的蚕桑资源,在不同学段的开发和利用会出现不同的样态。如何做好不同学段之间的无缝对接,即幼儿园阶段如何为小学和初高中的蚕桑学习做好充分的铺垫,让幼儿的学习既有蚕桑经验的铺垫,又做到在未来不重复学习,是值得思考的问题,而且需要不断的研究和探索。

3. 品牌建设的需要

蚕桑品牌建设是我园发展的追求和归宿,也是社会公众对我园的整体印象与评价的重要依据之一。我园对蚕桑资源长期的开发和利用,是蚕桑资源课程化研究的重要途径。在此过程中,我园着力创设蚕桑相关环境、创设蚕桑实习场、开发蚕桑活动,逐步形成了我园的课程理念,扩大了我园的社会影响力。

由此可见,蚕桑资源的开发研究是一个漫长的过程,在此过程中我园逐步形成了自己的特色,走出了一条蚕桑特色之路,做到"人无我有,人有我优"的境界,以此来提升我园的蚕桑品牌效应。

(三)蚕桑资源可以促进幼儿素养发展

我园在蚕桑资源植入教育的可行性分析中发现,蚕桑资源对幼儿的发展是有一定的教育价值的,它能够有效地促进幼儿关键能力的发展。蚕桑资源转化成的蚕桑活动符合幼儿的年龄特点,符合幼儿终身发展的需要,能够帮助幼儿形成良好的品格。

1. 符合幼儿的年龄特点

幼儿的学习是以直接经验为基础的,是在游戏和日常生活中进行的。蚕桑资源的开发和利用,最终会转化成一个个具体的、幼儿可操作的蚕桑活动,有效创设蚕桑实习场的是蚕桑资源课程化建设的一个重要途径。蚕桑实习场能够为幼儿创设真实的蚕桑学习情境,让幼儿在真实的蚕桑活动中通过操作、探究、发现问题、解决问题等学习方式获得与蚕桑相关的有益经验。可见,蚕桑资源的有效开发是符合幼儿的年龄特点的,也是符合幼儿的学习方式的。

2. 满足幼儿终身发展的需要

我园的教育关注幼儿的近期和终身发展的需要,致力于为幼儿一生的发展奠基。祖国优秀传统文化的传承必须从娃娃抓起,从小对幼儿进行蚕桑文化的熏陶,实质就是在幼儿的心中播撒一颗蚕桑文化的小种子,让它随着幼儿的成长而生根、发芽、开花和结果。

3. 关注幼儿良好品格的形成

品格是指个人的人品和做事的风格,如专注、乐于分享、持之以恒等。幼儿期是幼儿成长的关键期,也是良好品格形成的重要时期。蚕桑活动主要以养蚕、种桑为载体,为幼儿创设动手实践的情境,让幼儿有事可做,在做事情的过程中学会关注蚕桑生活当中的人、事、物,并与之进行有效的互动,从而培养他们的交往、合作、认知、情感等方面的良好品格。

二、蚕桑资源的开发和利用

基于蚕桑资源的教育价值，我园坚定了对蚕桑进行开发和利用的决心。在开发和利用蚕桑资源之前，我园首先对蚕桑资源进行了研究，目的是了解蚕桑资源在幼儿园课程建设方面的现状。

（一）相关文献的研究

为了让研究更加具有高度，相关的文献研究必不可少。

1. 蚕桑资源的相关研究

关于蚕桑资源的相关研究，一直以来最多的都是在蚕业领域，主要以促进经济的发展为最终目的。如浙江省2003年开始实施的"蚕桑西进""优化改造"两大工程，这两大工程有效地促进了蚕桑业的发展。海宁地区全面有效地利用了蚕桑副产品资源开发产品，拓展功能用途，整合蚕桑资源，延长产业链，物尽其用，实现蚕桑产业的转型升级和结构调整，从而增加蚕桑产业的经济效益、社会效益、生态效益。增强产业的竞争力和抵御市场风险的能力已经成为近年来行业相关部门和业内人士共同探讨的问题。

2. 幼儿园课程资源开发与利用的相关研究

随着新课程改革的全面铺开，幼儿园课程资源开发与利用的相关研究已成为比较热门的话题。幼儿园开始尝试对身边的资源进行开发与利用。王菲在《亲近自然　探索自然　热爱自然——谈幼儿园种植课程建设》[1]中进行了将身边的植物资源纳入课程建设的研究。

（二）蚕桑资源开发和利用的现状

乡土资源，顾名思义，即本乡本土特有的资源，包括乡土材料、乡土文化等。开发、保留、宣传原生态的乡土资源能够唤醒人们的乡土意识。课程资源是课程改革的一个重要载体，课程资源的开发和利用直接影响着课程

---

[1] 王菲. 亲近自然　探索自然　热爱自然——谈幼儿园种植课程建设[J]. 好家长，2018，（24）：26.

的建设。所以,课程资源的开发与利用越来越受到人们的关注。也就是在这样的大背景下,我园认识到了蚕桑资源的重要教育价值,开始利用地域的优势,在梳理、筛选、整合的基础上将其纳入幼儿的教育活动中。对于蚕桑资源的开发和利用,我园主要分四步:第一步,盘点蚕桑"家底";第二步,梳理蚕桑资源;第三步,建立蚕桑资源库;第四步,开发蚕桑主题。

1. 盘点蚕桑"家底"

所谓的"家底"就是指我园目前各方面的现状,如硬件条件、师资力量、家长资源、社区资源等。这些状况对于蚕桑资源的梳理、开发和利用有着举足轻重的作用。所以,在蚕桑资源梳理的前期,我园对目前的硬件条件、教师、家长、课程实施等方面进行了优势与不足两方面的深入分析,力求在此基础上能够清楚地了解自己的"家底",为后期蚕桑资源的开发做好充分的准备工作。现状梳理表如表1-1所示。

表1-1 现状梳理表

资源	优势	不足
硬件条件	震泽幼儿园老园建于1999年,异地新建园于2020年春季启用。硬件条件目前在吴江区属于一流,室内外场地宽敞、专用设施配备齐全。有桑树园、蚕桑一条街、养蚕坊等硬件方面的物质保障	园所的搬迁必然带来原有资源的变化,硬件设施的变化需要对蚕桑资源开发和利用进行重新的规划及调整
教师	震泽幼儿园从"十五"到"十三五"四轮省级课题的研究都围绕震泽的文化展开,教师具有丰富的教科研经验,撰写了大量的相关科研论文。我园的师资队伍	目前,我园教师处于新老交替阶段,前期参与震泽文化研究的老教师面临退休,取而代之的是大量经验不足的新教师
教师	具有研究性、示范性的特点。整个团队呈现出积极上进、团结协作的研究氛围。同时,近几年由于大量新教师的加入,让原本老龄化的队伍再次朝气蓬勃	

续表

资源	优势	不足
家长	幼儿家长从小就生活在震泽古镇,有养蚕方面的经验,桑树随处可见,他们对蚕丝被的加工等都有了解,他们(特别是祖辈)对于蚕桑资源方面的经验是比较丰富的。家长资源就是我园进行蚕桑资源开发和利用的有力保障	随着城镇化的发展,古镇家家户户养蚕的盛景在逐步消失。年轻一代的家长对于养蚕已经比较陌生,可以参与教学活动的家长有限
社区资源	我园地处震泽古镇,古镇上具有丰富的蚕桑资源,如随处可见的桑树林地、太湖雪蚕桑基地、大大小小的丝绵被厂、养蚕大棚等,这些为我园进行蚕桑资源课程化建设提供了物质基础	我园异地搬迁至古镇的东南面,地理位置比较偏僻,周边蚕桑资源相对稀少。所以,进行蚕桑资源的开发不是很便利
课程特色	我园在"十五"至"十三五"的省级课题中已经进行了古镇文化方面的特色研究,编写了"农耕文化""蚕桑文化""饮食文化""景观文化"园本课程教材	目前,园本特色课程的目标、内容、实施、评价机制等还有待完善,还没有形成较为完整的课程体系。蚕桑文化的篇章建设没有凸显成效

通过对以上硬件条件、教师、家长、社区资源和课程特色方面的优劣势分析可知,我园有丰富的可利用的蚕桑资源,教师具有一定的科研能力,这些有利的因素能够保障我园顺利进行蚕桑资源的开发和利用。但是,目前,我园在课程建设的整体把握、蚕桑资源开发和利用的适宜途径、凸显幼儿的主体性地位等方面还存在着不足,需要后期不断地学习、探索和改进。

2. 梳理蚕桑资源

课程资源是课程实施的一个重要载体,我园的蚕桑资源有哪些?哪些园外蚕桑资源可以为我们所用?带着这样的思考,我园开始对蚕桑资源进行初步的梳理。在梳理蚕桑资源的过程中,我园基于"儿童本位"的教育理念,遵循了来源于幼儿生活、符合幼儿年龄特点的原则,按照从园内到园外的顺序进行梳理。

（1）园内蚕桑资源的梳理

幼儿园是幼儿最为熟悉的地方,园内的一草一木都对幼儿的成长起着重要的作用。所以,园内蚕桑资源的梳理主要从园内的人、事、物这几方面展开。人主要包括行政、教师、保健室、保育员、食堂人员、保洁、门卫等,建立个人档案,摸清这些人是否具有蚕桑资源方面的经验,是否具有开发的可能性。同时,拓展其社会关系,尽量让园内与园外进行链接。事件方面,主要是指园内与蚕桑相关的事件,如养蚕、开展蚕花节、种桑等。物质方面,主要包括统计幼儿园的文本材料、硬件条件、设施、室内外场所、植物等,并筛选出具有蚕桑资源特征的事物,然后进行分类。对园内人、事、物进行全面梳理,可以全方位地掌握关于蚕桑资源的相关资料,为后期的筛选和利用做好准备。园内蚕桑资源如表1-2所示。

表1-2 园内蚕桑资源

范围	编号	资源性质	资源名称	数量	备注
园内蚕桑资源汇总表	1	教材、辅材	《农耕文化——春种、秋收》《蚕桑文化》《饮食文化》《景观文化》	若干	园本课程
			蚕桑主题书籍《"蚕花节"主题课程下儿童学习与发展》	若干	园本课程
	2	图书、图片	蚕桑绘本,桑葚、蚕桑图片,丝绸图片……	若干	附清单
	3	多媒体课件、PPT	蚕桑资源课程化内容	若干	附清单

续表

范围	编号	资源性质	资源名称	数量	备注
园内蚕桑资源汇总表	4	自制教玩具	蚕桑资源课程化内容	若干	附清单
	5	多功能活动室	养蚕室	1	
			蚕桑文化馆	1	
			茧艺工坊	1	
			蚕丝文化楼梯	2	
			科发室	1	
			美创室	1	
			舞蹈室	1	
			图书室	1	
			生活坊	1	
			建构室	1	
	6	室内游戏区	蚕桑一条街	1	
			美食一条街	1	
			班级活动区	若干	
	7	户外游戏区	蚕花节各类游戏场	若干	
			蚕桑种植园	2	
	8	教职员工	行政、教师、保健、保育员、食堂人员、保洁、门卫	90	会养蚕,有养蚕的知识和技能

通过对园内蚕桑资源的全面梳理,发现园内有大量的蚕桑资源方面的人、事、物可用。这些资源是来源于生活的,是幼儿熟悉的,能够做到随时随地使用。这些可用的蚕桑资源为我园后期的开发与利用提供了有力的保障,也增强了我园全体教师进行课程建设的信心。

(2) 园外蚕桑资源的梳理

震泽古镇获评江苏省"丝绸小镇"荣誉称号之后,震泽古镇整体的蚕桑氛围愈加浓厚了。园外丰富的蚕桑资源,是对园内蚕桑资源的有效拓展和延伸,更是对园内蚕桑资源的有效补充。所以,我园主要从文学、书画、音乐等方面进行了全方位的梳理。同时,我园以本园为中心,以周边3千米为半径进行普查,并以绘制地图的方式确定蚕桑资源的具体地点。然后,对每一个具体的蚕桑资源点进行详细了解,做好相关记录。园外蚕桑资源如表1-3所示。

表1-3 园外蚕桑资源

范围	编号	资源性质	资源名称	数量	备注
园外蚕桑资源汇总表	1	文学	蚕桑方面的诗歌、戏曲名家、祭蚕神传说……	若干	
	2	书画	蚕茧书画、团扇画	若干	
	3	音乐	蚕花歌……	若干	
	4	语言	震泽方言	若干	
	5	曲艺	蚕花戏曲《马鸣王菩萨》……	若干	
	6	舞蹈	唢呐队、大旗队、蚕娘队、腰鼓队、生肖队、花船队、舞龙队……	若干	
	7	传统工艺	抽丝剥茧、剥丝绵兜、拉丝绵被、绕柴龙、扎染、制作茧花、茧花香薰、茧子手工艺品、制作蚕沙枕头、拓印……	若干	

续表

范围	编号	资源性质	资源名称	数量	备注
园外蚕桑资源汇总表	8	饮食	桑葚糕、桑葚汁、桑葚果酱、果干、桑叶茶……	若干	
	9	民俗	轧蚕花、蚕花庙会、桑葚节、祭蚕神、水乡婚礼……	若干	
	10	基地	太湖雪蚕桑园、辑里丝绸被加工厂……	若干	

从表 1-3 中可以看出，园外的蚕桑资源相对丰富，而且涉及面较广，且融于幼儿一日生活中的方方面面。在完成园外蚕桑资源的梳理之后，我园将园内外蚕桑资源进行了整合。

3. 建立蚕桑资源库

我园将园内外资源整合后，建立了园级蚕桑资源库。蚕桑资源库是指由幼儿园组织和规划，由幼儿园的师生共同建设和维护，以满足蚕桑教育资源的需求为目的，通过整合转化一切可以得到的蚕桑教育资源而建设的，能适用于蚕桑教育活动的教学支持系统。我园的蚕桑资源库主要是以主题资源包的形式建立的，主要包括电子类的资源、文本材料和其他三大类型。下面以主题"蚕宝宝养成记"为例，介绍主题资源包的建立，如表1-4 所示。

表 1-4 "蚕宝宝养成记"主题资源包

主题名称		蚕宝宝养成记
电子类	音像类	1. 蚕宝宝生长过程视频："认识蚕宝宝""蚕宝宝当妈妈了" 2. 丝织品生产视频："有用的蚕""蚕宝宝造新房" 3. 其他视频："桑葚大调查""采桑叶"

续表

主题名称			蚕宝宝养成记
电子类	课件类		1. "蚕宝宝和蜘蛛" 2. "有用的桑叶" 3. 安全教育平台："咬人的电"
文本类	幼儿用书		1.《蚕宝宝》配套用书 2.《蚕的一生》配套用书
	图片类		1. 蚕茧、蚕宝宝图片 2. 蚕宝宝蜕皮的图片 3. 各种各样的桑葚图片
其他	社区资源		1. 蚕桑基地：太湖雪蚕桑园 2. 技术人员：缫丝工、养蚕技术人员
	家庭资源		1. 班级中可以提供养蚕技术人员的家长名单 2. 制作桑葚酒、桑葚糕技术的家庭 3. 种植桑树的家庭
	自然资源	园内	1. 各种不同品种的桑树：云南品种桑树、普通品种桑树 2. 不同品种的桑葚 3. 枇杷树、紫叶李、鹅掌楸等
		园外	1. 普通桑树 2. 野生桑树 3. 变种桑树 4. 野生蚕宝宝与饲养的蚕宝宝
辅助物资			1. 草席 2. 纸巾 3. 彩色卡纸 4. 稻草

4. 开发蚕桑主题

蚕桑资源开发和利用的最终目的就是将筛选出来的蚕桑资源转化成幼儿可操作的具体活动,让幼儿在实际的操作活动中获得有益的蚕桑经验,从而促进幼儿关键经验的发展。下面以太湖雪蚕桑园为例来介绍我园从蚕桑资源梳理到主题活动开发的全部历程,如表 1-5 所示。

表 1-5 素材性资源价值分析表

资源名称		太湖雪蚕桑园
详细地址及距离		782 路公交吴家港站 215 米附近,约 5.7 千米
发展核心价值		1. 知道蚕桑园是饲养蚕宝宝的地方,愿意把自己在蚕桑园的所见所闻和经历的事情与同伴分享交流。珍惜蚕桑园养殖工人的劳动成果,遵守养殖园的规则,未经允许不随便拿蚕桑园的物品和材料 2. 初步了解蚕桑基地、桑园、果园、蚕桑文化馆等场所的基本信息,喜欢观察蚕宝宝,愿意用绘画、捏泥、手工制作等方式表现桑树、桑叶、桑葚等的基本特征 3. 能探索并发现蚕宝宝的饲养过程,能了解蚕宝宝的明显特征,感知蚕宝宝的大小、多少,能手口一致地点数一定数量的蚕宝宝 4. 通过参观、饲养、观察等活动,幼儿初步了解蚕从产卵到破茧成蝶的全过程,乐意参加养蚕活动,了解蚕宝宝一生的变化,萌发对生命的敬畏感
可开展的学习活动	小班	蚕宝宝养育室、蚕桑文化展馆、生态园
	中班	蚕宝宝养育室、蚕的一生、古法剥棉缫丝展示区、生态园
	大班	蚕宝宝养育室、创客工坊、扎染
可引发的幼儿经验	小班	1. 能理解关于蚕宝宝图书上的文字和画面是对应的,喜欢用涂涂画画来表达画面上的意思

续表

资源名称		太湖雪蚕桑园
可引发的幼儿经验	小班	2. 通过参观,饲养,观察等活动,初步了解蚕宝宝在不同生长阶段的外形特征,提高探究与观察能力 3. 能模仿采桑叶、钻爬、翻身等动作,体验在不同情境中游戏的快乐 4. 尝试用搓、印、染、画等不同方式进行创作,体验艺术活动的快乐 5. 通过亲自饲养蚕宝宝,感受到蚕桑园养殖工人劳动的辛苦,遵守饲养蚕宝宝的规则
	中班	1. 能了解蚕宝宝一生的生长变化过程及各阶段不同的身体特征,能基本完整地讲述蚕一生的变化 2. 能通过简单的调查收集关于蚕的信息,并用图画或符号进行记录,学习照顾蚕宝宝 3. 能以匍匐、膝盖悬空等多种方式模仿蚕宝宝的钻爬等动作 4. 愿意运用绘画、手工制作等方式将自己观察到的蚕宝宝的形态表现出来 5. 通过亲自饲养蚕宝宝,感受到蚕桑园养殖工人劳动的辛苦,对生命产生敬畏感
	大班	1. 能了解蚕宝宝一生的生长变化过程及其各阶段的身体特征,并完整地讲述蚕的变化 2. 能够理解饲养蚕宝宝的规则,能与同伴协商制定饲养蚕宝宝的活动规则 3. 能通过简单的调查收集关于蚕的有关信息并用图画或符号表现出来 4. 能以手脚并用的方式模仿蚕宝宝攀爬、绕网等动作,能注意安全,有一定的自我保护意识 5. 乐意将自己制作的蚕宝宝美术作品布置在班级里 6. 通过亲自饲养蚕宝宝,感受蚕桑园养殖工人劳动的辛苦,培养从小爱劳动的好习惯

续表

资源名称		太湖雪蚕桑园
对应的主题	小班	"蚕宝宝养成记""美丽的蚕茧""有用的桑叶"
	中班	"蚕的一生""我的饲养计划""勇敢的蚕蛾""迎接新生命"
	大班	"茧之乐,丝之乐""有用的蚕茧""家乡的丝绸"

从上表中可以看出,在确定可用的蚕桑资源之后,首先要对蚕桑资源进行核心价值的分析,目的在于知道它对幼儿的发展具有哪些方面的价值。根据核心价值的分析,教师预测在不同年龄段可引发的活动和经验,然后在主题目标的指引下设计具体的活动。由此可见,从课程资源到具体的活动不是一个简单的过程,而是教师不断梳理、审议、设计和逐步完善的过程。

三、蚕桑资源开发与利用的保障机制

蚕桑资源课程化建设是一个漫长的过程,它涉及的范围、人员、资料等都是比较广泛的。所以,蚕桑资源课程化建设需要一定的保障机制,如健全组织架构、保障交流合作、完善评价机制、制定激励奖励机制等。

(一)健全蚕桑资源开发与利用的组织架构

闻道有先后,术业有专攻。时代在发展,先进、具有时代性的教育理念在不断地更新。蚕桑资源课程化建设的过程中,需要教师具有先进的课程建设理念,蚕桑资源开发和利用的思路要与时俱进,同时要用发展的眼光来看待蚕桑资源课程化的建设。为此,我园健全了蚕桑资源开发和利用的组织架构。一方面,成立了蚕桑资源开发小组,确立了以园长为组长、以业务园长为副组长、以教研组长和年级组长为核心组员的组织架构。组内成员的职责和分工明确,各司其职。另一方面,健全了蚕桑资源开发制度。主要包括蚕桑资源开发和利用的各类制度、制订相应的计划和落实步骤等。

蚕桑资源开发与利用的组织架构为蚕桑资源课程化建设有目的、有计划地推进提供了保障。

（二）保障蚕桑资源开发与利用的交流合作

随着省内其他幼儿园课程游戏化的大力推进，课程建设已经成为幼儿园发展的一个重要途径，我园的课程建设经验不足，需要借鉴知名园所的先进经验。为此，我园与课程游戏化示范园签订协议，抱团发展，并制定了教师外出学习、团队互动、经验交流与合作的机制，目的在于让教师相互学习和交流，从而取其精华、为我所用。同时，我园定期组织教师前往蚕桑园、丝绵被加工厂等基地参观、学习，让教师在积累蚕桑经验的同时提升蚕桑资源转化能力，为蚕桑资源课程化建设提供有力的保障。

（三）完善蚕桑资源开发与利用的评价机制

蚕桑资源课程化建设的主体是由幼儿、教师、家长及社区人员等共同组成的一个群体，所以，他们都是蚕桑资源课程化建设的评价者。为了检验蚕桑资源课程化对于幼儿的适宜性，我园从课程建设的主体出发，确立了多元化、多维度的评价体系，以此不断完善蚕桑资源课程化的建设。主要包括学习故事、课程故事、蚕桑主题单元的评价表、家长调查问卷、幼儿蚕桑经验发展的评价量表等。蚕桑资源课程化的评价机制随着课程的实施不断改进，完善蚕桑资源开发与利用的评价机制有利于我园在蚕桑资源课程化实施的过程中及时调整内容，以达到使课程设计更加符合幼儿蚕桑关键能力发展的目的。

（四）制定蚕桑资源开发与利用的奖励机制

有效制定蚕桑资源开发与利用的奖励机制不仅能提高教师参与蚕桑资源课程化建设的积极性，提升教师专业成长的幸福感，而且能够有效提高蚕桑资源课程化建设的科学性和适应性，提升幼儿园的蚕桑品牌效应。为此，我园特制定了教师在蚕桑资源开发与利用中的奖励机制。如在蚕桑资源开发与利用中承担主要工作的教师可以优先被推荐为评先评优人员，撰写的蚕桑资源相关论文获奖和发表奖励应明显高于其他类别的论文，定期给予教师进行园际之间交流与汇报的机会。

总之，在蚕桑资源课程化建设的过程中，我园将以上四方面的保障机制始终贯穿其中，以此来提高教师进行蚕桑资源课程化建设的稳定性和积极性，同时也确保蚕桑资源课程化建设的高效性。

第二章 基于蚕桑资源的幼儿园文化建设

文化建设是幼儿园发展的精神食粮,是幼儿园发展的灵魂,起着引领和指导的作用,所以构建幼儿园的文化显得尤为重要。我园地处震泽古镇,蚕桑资源是我园可利用的课程资源。二十多年来,我园致力于蚕桑资源的开发和利用,在蚕桑资源课程化建设的过程中凸显幼儿园的蚕桑文化。

一、幼儿园文化

随着时代的发展,人们越来越认识到文化对于人类生活的重要性。因为,精神文化是人们思想的一种引领,指引着人们的思维发展走向,所以,一所幼儿园必须要有自身的园所文化。优秀的园所文化有利于打造幼儿园的品牌,为后续的发展储备力量,让园所形成浓厚的教化育人的学习氛围。何为幼儿园的园所文化?幼儿园园所文化是指以幼儿园的幼儿为主体,以园内的幼儿活动、游戏和生活为主要内容,以幼儿园为主要空间,以幼儿园精神为主要特征的一种群体文化。换言之,是指全体成员在幼儿园发展的过程中,逐步形成的包括园所的最高目标、价值观、园风、传统习惯、行为规范和规章制度在内的精神文化,以及园所建筑、园所景观、绿化美化等方面物质文化的总和[①]。

---

①赵寄石. 对托幼园所文化建设的思考[J]. 早期教育,2006,(03):6-7.

我园文化与其他幼儿园的文化具有一定的共性,但是,我园文化是立足于蚕桑资源的,所以又具有一定的个性化特点。基于蚕桑资源的幼儿园文化是指我园行政领导在吸收震泽古镇蚕桑资源优秀文化的基础上,以"在幼儿心中播撒一颗蚕桑文化的种子"为教育理念,以"勤奋、探究、梦想"为幼儿发展目标,有意识地培育幼儿园的优秀文化。建设蚕桑特色幼儿园文化的过程,是我园根据当前社会、震泽古镇文化发展的背景、意识形态及震泽古镇蚕桑发展目前盛况等提炼出来并逐步沉淀的,为全体成员或者大部分成员所认同和遵循的价值观和信仰,通过在教育活动、游戏活动、一日生活等环节中进行多途径、多维度渗透,使人获得蚕桑文化的熏陶和启迪。

二、基于蚕桑资源幼儿园文化建设的特点

幼儿园园所文化是通过园长、教师、家长等对文化进行传承、积累和创新,从而形成可见的物质形态和不可见的观念形态。我园的文化建设主要立足于蚕桑资源,通过蚕桑资源的梳理、主题活动的设计、一日活动的渗透、环境的创设等环节逐步形成具有蚕桑资源特点的幼儿园文化。我园的蚕桑资源幼儿园文化具有传承化、多元化、智囊化这三个特点。

(一)传承化

中国的文化博大精深,从社会历史到家庭传统,随着时代的发展,一些中华民族优秀文化传统逐渐衰落,甚至面临消失。所以,传承中华民族优秀传统文化显得尤为重要。震泽古镇蚕桑文化的形成是一个漫长的过程,这个过程中涉及了蚕桑文化的历史积淀、蚕桑业的发展、劳动人民的传统美德、人们蚕桑技能的获得等,可见,蚕桑文化的底蕴是非常深厚的,并具有传承性的。

1. 梳理与提炼

二十年来,我园始终坚持对古镇文化资源进行开发与利用,构建了以古镇文化为内容的幸福课程,并着力开发了蚕桑文化篇章的特色课程。为此,我园以"蚕"为载体,确立了幼儿园文化建设的魂,以"蚕桑文化孕育的摇篮"为办学愿景,以"执着、奉献、智慧"为教师的发展目标,以"勤奋、探究、梦想"为幼儿的发展目标,明确了幼儿园蚕桑文化的具体内容。

2. 传承与创新

幼儿园文化需要传承,但是如果局限于对园所文化的传承是远远不够的,还要在传承的基础上进行创新,要符合时代发展的要求。基于此,我园立足当前,着眼未来,根据幼儿教育的特点和发展目标,从有利于幼儿身心健康、幼儿发展的角度出发构建我园的蚕桑资源园所文化。我园在省课程游戏化精神的引领下,将蚕桑资源融入幼儿园的环境创设、幼儿的活动、游戏和一日生活当中,并以学习故事为切入点,引导教师从专业的角度对幼儿进行持续性研究,从而探究幼儿在蚕桑文化的滋养下所获得的有效成长路径。基于此,我园逐步形成了基于蚕桑资源的园所文化。

(二)多元化

幼儿园文化建设的多元化是指幼儿园在发展的过程中,在发展多种传统文化的基础上,有效凸显优先发展的文化项目,从而形成多种文化并存、有效凸显特色文化的局面。基于蚕桑资源的幼儿园文化是指我园在古镇文化(饮食文化、农耕文化、景观文化)的大背景下,在构建幼儿园文化过程中凸显蚕桑资源的重要地位,从而形成古镇文化背景下的蚕桑特色文化。所以,它是多种文化结合的共同体,体现一种多维度、全面和谐发展的样态。

1. 单一与多维

我园经过多年努力逐步建构的幸福课程以古镇文化为基础,有饮食文化、景观文化、农耕文化和蚕桑文化四大篇章,而蚕桑资源篇章只作为蚕桑文化篇章的一部分内容存在。随着震泽古镇蚕桑氛围的愈加浓厚,我园可用的蚕桑资源越来越多,在新的蚕桑资源不断地被发现、开发和利用的过程中,幼儿的蚕桑活动越来越丰富,形成了古镇文化背景下的蚕桑特色文化。由此可见,蚕桑资源课程化当中的每一个篇章之间既相互独立、又相互关联,是古镇文化下各个篇章的有机融合,体现了蚕桑资源幼儿园文化建设的多元性。

2. 全面与均衡

幼儿的学习与发展具有整体性的特点,主要体现在幼儿发展的全面性和经验积累的持续性上。所以,在蚕桑资源课程化的建设过程中,幼儿的学习也呈现出一种整体性。我园的蚕桑资源课程化建设关注幼儿语言、社会、健康、科学、艺术五大领域的全面发展,将五大领域当中的目标渗透到具体的活动中,从而有效地促进幼儿的全面发展。如在饲养蚕宝宝的过程中,引导幼儿说一说蚕一生当中的变化、和同伴一起领养桑树、用桑叶进行创想画等。同时,我园在主题活动的设置中注重各个领域的比重关系,注重主题与主题之间的逻辑关系。所以,幼儿所获得的蚕桑经验是全面的,也是均衡的。

(三)智囊化

智囊化是指幼儿园文化建设的智囊团,又称智库、思想库、智囊机构、顾问班子,它将幼儿园各学科的教育权威人士、蚕桑专业技术人员及社区人员聚集起来,运用集体的智慧和才能为幼儿园的蚕桑文化建设提供满意方案或优化方案,最终构建基于蚕桑资源的幼儿园文化。

1. 智慧与策划

我园抓住异地搬迁的契机,以蚕桑资源课程化建设为抓手进行基于蚕桑资源的幼儿园文化建设。在蚕桑资源课程化建设的过程中,我园邀请课程建设领域的权威专家对蚕桑资源课程化建设进行把脉,力争做到课程体系的科学、完整、有效和适宜。同时,针对年轻教师缺乏养蚕技能的现象,我园邀请蚕桑基地的技术人员为教师进行养蚕技能的专题培训,以提升教师养蚕的专业技能,从而达到蚕桑资源课程化实践的专业性、科学性和适宜性。蚕桑资源课程化的建设离不开园外的实践,每一次外出实践我园都会制订严密计划,其中包括幼儿园的策划、教师的审议、家长志愿者的参与、社区负责人的协调、交警的护送、基地人员的配合等,这就是团队智慧的体现。

2. 基地与双赢

伴随着震泽古镇获评国家级丝绸小镇,以太湖雪蚕桑园为首的蚕桑文化基地孕育而生。蚕桑基地具有丰富的蚕桑文化教育资源,具有强大的蚕桑资源开发团队,为了弥补教师养蚕专业技能的缺乏,我园与太湖雪蚕桑园结成共建的教育基地。一方面,教师和幼儿可以走进基地进行参观和学习,太湖雪蚕桑园的资源和团队可以为我园的蚕桑资源课程化建设提供服务。另一方面，通过我园的蚕桑资源课程化建设，让幼儿、家长和社会了解太湖雪品牌，从而扩大太湖雪蚕桑园的知名度。所以，我园和蚕桑基地的结对共建活动，不仅达到了蚕桑资源共享的目的，而且开创了双方共赢的局面。

由此可见，我园基于蚕桑资源的文化具有传承化、多元化和智囊化的特点。在蚕桑资源课程化的建设过程中，我园注重蚕和桑两大元素的历史价值，努力挖掘蚕桑传统工艺的制作，做到文化的传承。我园在促进幼儿关键能力发展的同时，更加关注幼儿发展的持续性，力争让每一位幼儿在原有的基础上有所发展、有所突破、有所创新。

三、蚕桑资源园所文化建设的探索和实践

幼儿园园所文化的形成需要一个漫长的过程，是在幼儿园历史发展的历程中沉淀而成的。我园的蚕桑资源园所文化也是在二十多年的实践与探索中逐步形成的，主要经历了以下四个阶段。

（一）基于蚕桑资源的园所文化建设历程

我园基于蚕桑资源的园所文化建设始于2003年，至今已经历约二十年的历程，它是伴随着蚕桑资源课程化的建设而逐步形成的。基于蚕桑资源的园所文化建设经历了模糊、清晰、凝练和提升这四个阶段。

1. 第一阶段（2003—2013年），园所文化建设的模糊阶段

幼儿园的园所文化建设是幼儿园发展的灵魂，是幼儿园发展的思想引领，需要足够的物质基础做有力支撑。在此阶段，我园的课程建设还处于起步的阶段，对蚕桑资源的开发刚起步，课程建设意识薄弱，更没有园所文化的概念。我园通过调查、收集、审议和开发等方法挖掘震泽古镇的蚕桑资源，并以集体教学活动的形式将其纳入幼儿园的教学活动。此阶段，我园对蚕桑资源的开发主要以教师的主观意识为主，重点进行散点式集体教学活动的设计。当时，我园只是为了课题的研究而研究，与幼儿园的园所文化还未建立相关的联系。所以，基于蚕桑资源的园所文化建设还处于一个比较模糊的阶段。

2. 第二阶段（2014—2017年），园所文化建设的清晰阶段

我园在第一阶段积累了大量散点式的集体教学活动，在此基础上，教

师开始关注蚕桑活动区角的创设。教师带领幼儿走进蚕桑基地,亲身感受养蚕的魅力,同时将家长资源引入幼儿园的教学。在这样的实践中,我园突破了蚕桑资源本身的开发和利用,开始将蚕桑资源与周围相关的事物、人、社会等进行链接。所以,在这个无形的蚕桑资源网络建设的过程中,基于蚕桑资源的文化建设也逐步凸显。教师开始思考在课程建设、环境创设、蚕桑资源的深入开发和利用等方面有效地凸显幼儿园的蚕桑特色,从而构建基于蚕桑资源的园所文化。此阶段,虽然我园对蚕桑资源的开发已经有所突破,但在课程框架体系、环境的创设及家长社区资源的利用等方面还没有进行有效的融合,各方面之间的联系还不够紧密。此时,基于蚕桑资源的园所文化正在逐步形成,处于逐步清晰的阶段。

3. 第三阶段(2017—2019年),园所文化建设的凝练阶段

此阶段,我园开始重新梳理蚕桑资源课程化建设的资料,以倒推的模式,从上层架构到具体实施进行逐步调整。我园从课程目标的制定入手,到整体框架体系的架构,再到主题的设置。此过程中,我园逐步明晰了幼儿园的办园特色和方向,最终形成了"蚕桑文化孕育的摇篮"的办园愿景。至此,我园明确了蚕桑资源只是课程建设中的一个载体,最终的目的是借助这个载体去发展幼儿的关键能力。我园明确蚕桑资源课程化建设不是要培养养蚕达人,而是要让幼儿在参观、实践、操作和体验过程中去获得蚕桑有益经验。所以,此阶段为基于蚕桑资源园所文化建设的凝练阶段。

4. 第四阶段(2020年至今),园所文化建设的提升阶段

这个阶段,我园面临着异地整体搬迁,新园的地理位置、硬件设施、师资队伍、周边的资源等都发生了很大的变化,因此,我园原有的园所文化也会发生一定的变化。这一阶段,基于蚕桑资源的园所文化建设中最大的困难是如何进行传承与发展。我园主要通过与幼儿的对话、对全体教职工的调查等途径了解社会各界及教职员工对幼儿园办园理念、目标、方法、成果等的认可度。在此基础上,我园进行整理和分析,从而确定园所文化传承与创新的具体内容。所以,此阶段为基于蚕桑资源的园所文化建设的提升阶段。

经过约二十年的实践探索,我园基于蚕桑资源的园所文化已经形成,它让我园走出了一条具有震泽古镇特色的幼儿园教育之路,有效地凸显了

我园的教育品牌。

（二）基于蚕桑资源的园所文化建设策略

基于蚕桑资源的园所文化建设主要是通过理念的形成、课程体系的架构和蚕桑环境的创设三方面达成的。

1. 促进独特理念的形成

基于蚕桑资源的园所文化理念主要包括幼儿园文化建设的办园理念、蚕桑资源课程化理念和幼儿发展理念，这些理念构成了我园基于蚕桑资源的园所文化的核心和精髓。

（1）形成"蚕桑文化孕育的摇篮"的办园理念

蚕桑资源课程化理念的形成为幼儿园办园理念的形成奠定了坚实的基础，我园把发展愿景定位为"蚕桑文化孕育的摇篮"，我们的归旨在于从小对幼儿进行蚕桑文化的启蒙熏陶。

（2）"真实、操作、合作"的课程开发理念

"真实、操作、合作"是我园蚕桑资源课程化建设的核心和精髓。真实是指在蚕桑资源课程化建设中，我园为幼儿创设蚕桑实习场，即真实的情境，让幼儿进入真实、可信的世界，解决蚕桑方面存在的真实问题，获得真实的经验，从而成长为行知一体的真实人。操作是指在蚕桑资源课程化建设中，我园注重为幼儿提供动手操作的机会，让幼儿在操作的过程中形成自身优秀的品格并获得关键能力的提升。合作是指幼儿在与几个同伴甚至是一个集体共同完成一项指定性蚕桑方面的任务的过程中，乐意合作、学会合作，并能体验到合作的快乐。

（3）"勤奋、探究、梦想"的幼儿发展理念

在蚕桑资源课程化建设的过程中，我园以学习故事为切入口，系统评价幼儿的各项发展指标。我园结合"蚕"的精神，拟定了幼儿的发展目标——"勤奋、探究、梦想"，让幼儿在蚕桑资源课程化的建构中，能够拥有自己的梦想，为了实现自己的梦想，具有一种孜孜不倦、不断探究的精神，最终达到破茧成蝶的境界。因此，在蚕桑活动的实施中，我园为幼儿创设蚕桑实习场，即真实的情境，让他们在真实的场景中去发现问题并解决问题，从而有效地培养幼儿良好的学习品质。

基于蚕桑资源幼儿园园所文化独特理念的形成,不仅为我园的发展指明了方向,而且将全体教职员工紧紧团结在一起,为实现共同的发展愿景而努力奋斗。可见,基于蚕桑资源园所文化理念的形成,能够提升教师团队的凝聚力,促进教师课程建设能力的提升,从而推动幼儿园高品质的发展。

2. 规划蚕桑资源课程化体系的架构

在蚕桑资源课程化架构的过程中,我园以"蚕"和"桑"为课程资源的主要元素,以此开发相关的蚕桑活动。同时,我园以生态式的思维方式建构蚕桑资源课程化的框架体系,即将蚕、桑、自然、人、社会等进行相互关联。

(1) 以养蚕为中心,开发课程

养蚕是蚕桑资源课程化开发的第一阶段。我园利用自然角、养蚕坊和专门的养蚕室供幼儿进行养蚕实践活动,通过对大中小三个年龄阶段养蚕目标的制定,设计每个年龄段适宜的养蚕活动。随着第一阶段蚕桑资源课程化的建设,我园采用多维的角度对所建构的课程进行评价。养蚕是蚕桑资源课程化开发的第一阶段。

(2) 以蚕的养殖与应用,生发课程

我园在前期经验的基础上开始思考蚕的养殖与应用。我园通过前期资源的调查、梳理、筛选等,将蚕桑文化园、丝绵被、丝创园等基地纳入蚕桑资源课程化建设之中,并开发了蚕茧花制作、拉丝绵被、剥绵、饲养蚕宝宝、丝绸扎染、桑叶拓印等一系列适合幼儿动手操作的蚕桑活动。基于课程建设思路的拓展,幼儿对蚕桑活动有了兴趣,能够自主生成相关的蚕桑活动。至此,蚕桑资源课程化建设的内容也逐步丰满。

(3) 以蚕为中心的生态式课程建构

生态式课程的建构更加关注人、动物和植物之间的相互联系。我园对第二阶段的蚕桑资源课程化建设进行了再思考,在了解蚕的养殖与应用的基础上继续拓展课程内容。如在蚕结茧上山的环节中,幼儿对"扎柴龙"很感兴趣,追随着幼儿的兴趣,教师在园内开辟一块水田用于种植水稻。在水稻种植的过程中,幼儿不仅了解了水稻的生长与气候、温度、水量等方面的关系,而且了解了植物、动物、人之间的相互关系。至此,我园以生态式思维丰富了蚕桑资源课程化的建设。

课程是幼儿园的"产品",蚕桑资源课程化的有效建设就是我园最好的"产品",也是基于蚕桑资源的园所文化形成的重要策略之一。我园通过对蚕桑资源课程化三个阶段的建设逐步构建基于蚕桑资源的园所文化。

3. 完善蚕桑资源课程化环境的创设

蚕桑环境创设是我园基于蚕桑资源文化建设的一个重要组成部分,主要包括显性环境和隐性环境。我园围绕蚕桑资源课程化建设进行了一系列蚕桑环境的优化,目的是为幼儿营造浓厚的蚕桑文化的氛围,让幼儿在潜移默化中获得蚕桑文化的熏陶。

(1) 理念引领,潜移默化

理念是园所发展的指挥棒,共同认可的理念是团队前进的基石。所以,新园搬迁之初,园部就向全体老师征集关于幼儿园发展愿景经典语录。经过教师的推荐、讨论及评选等程序,我园最终达成一致,把"蚕桑文化孕育的摇篮"作为我们的共同愿景,并布置在大厅醒目的屏风上。同时,我园以"蚕"为载体,确定了"执着、奉献、创新"为教师的发展目标,"勤奋、探究、梦想"为幼儿的发展目标。

(2) 突出重点,显而易见

外显的环境往往能够给人视觉上的冲击,我园抓住这一点,以桑树为元素,有效地凸显蚕桑文化的特色。我园大门右侧一棵四十年树龄的桑树是幼儿园的镇园之宝,我园还种植了桑树园,里面桑树的品种繁多,有果桑、家桑和火桑等,可以让幼儿了解不同种类桑树的特点。此外,我园还建设了蚕桑文化馆、蚕桑一条街和养蚕坊等供幼儿养蚕、制作茧艺、抽丝、剥茧等体验活动的拟真实习场。茧艺DIY、茧花制作如图2-1、如图2-2所示。

图 2-1　茧艺 DIY　　　　　　图 2-2　茧花制作

（3）隐喻含蓄，潜移默化

外显的大环境给人以眼球的冲击，而内隐的小环境却能够给人潜移默化的影响，这样的作用是不容小觑的。基于这样的理念，我园在班牌、导视牌、园标和围墙的镂空处都恰到好处地融入了蚕宝宝、蚕茧、桑叶、桑树等元素，目的在于创造基于蚕桑资源园所文化大背景下的经典之笔，有效地烘托整个幼儿园的蚕桑氛围。

蚕桑环境的创设是基于蚕桑资源的园所文化建设的有力支撑，它让环境说话，让环境成了蚕桑资源课程化的一部分。这样的环境能够与幼儿、教师和家长进行有效的互动，从而达到一种潜移默化的作用。

第三章　基于蚕桑资源的园本课程建设

一、园本课程

园本课程是以幼儿园之"本"为基础的课程或是在幼儿园之"本"的基础上建立起来的课程。园本课程中应该包括清晰的课程理念、可操作的课程目标、具有本土色彩的课程内容、有效可行的实施形式、先进的教育理念、教育行为及完整的课程评价,是一种具有明显探究色彩的课程实践研究。

二、蚕桑资源在园本课程建设中的作用

蚕桑园本课程是在园本课程概念上的缩影,更具有本土化和个性化。它是我园在主持江苏省级"十二五"规划课题《文化传承:古镇幼儿园微型课程的案例研究》中形成的,有关蚕桑资源方面的特色课程。在蚕桑资源课程化建构的过程中,我园主要从蚕、桑、丝三方面深入挖掘,通过多种活动(饲养观察活动、实践参观活动、调查访问活动等)的开展,捕捉幼儿的惊喜时刻,并用过程性、形成性、激励性的评价方式去支持幼儿的学习与发展,从而在反思、反观中提升蚕桑园本课程的科学性、适切性与有效性。

我园二十多年来一直致力于震泽古镇文化资源的研究,以主题的形式有效构建了古镇文化园本课程,即幸福课程。幸福课程具有完整的体系,包括课程目标、课程内容、课程实施和课程评价,主要内容分成四大篇章:蚕

桑文化篇章、饮食文化篇章、农耕文化篇章和景观文化篇章。当时,我园的蚕桑资源只是作为其中一个主题存在的。幸福课程内容如图3-1所示。

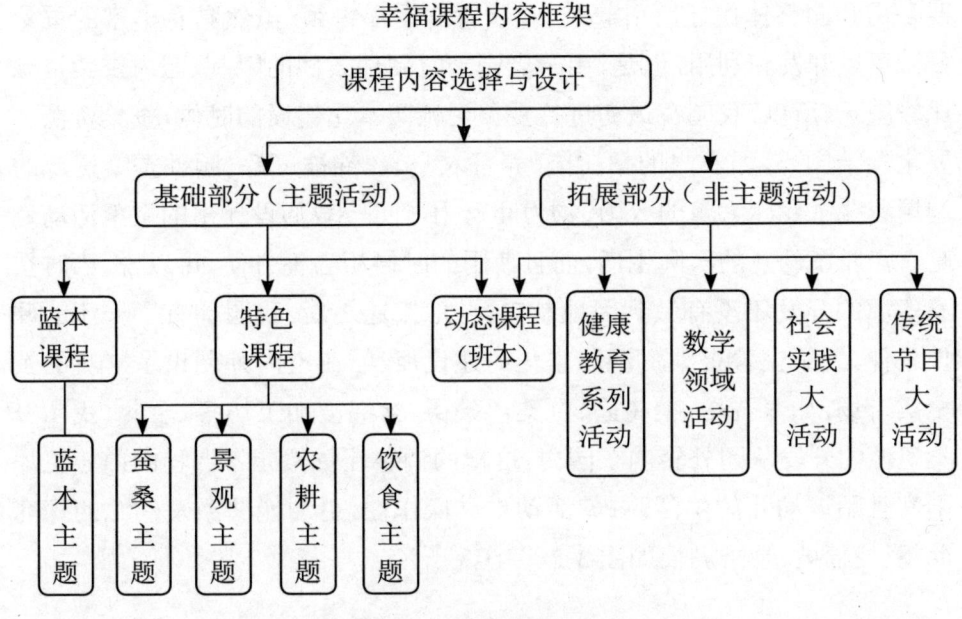

图3-1 幸福课程内容

从上图中,我们可以清楚地看到,最初蚕桑资源只是作为幸福课程中一个单独主题存在的,它与景观、农耕和饮食主题是并列关系。但是,随着震泽古镇对蚕桑经济和文化的着力打造,蚕桑资源的丰富为我园蚕桑资源课程化的建设提供了得天独厚的优势。基于此,我园开始重点进行蚕桑资源园本课程的建设。

三、蚕桑资源园本化开发的策略

蚕桑资源园本化是伴随着我园"十五"到"十三五"省级课题关于古镇文化的研究而成长起来的,它的有效构建是震泽古镇蚕桑经济发展的产物。从最初幸福课程中的一个主题到开发蚕桑资源园本化的过程,我园采取了逐步拓展、优化和完善的策略,包括蚕桑资源再梳理、蚕桑活动开发及蚕桑资源园本化要素的完善这三个方面。

（一）蚕桑资源的开发，从园外转向园内外

蚕桑资源园本化的建设经历了蚕桑资源逐步丰富的过程，这个变化主要是由我园整体搬迁所引起的。我园背靠震泽古镇，虽然具有丰富的蚕桑资源可以开发和利用，但是，由于老园当时硬件条件的限制，园内蚕桑资源比较匮乏。所以，我园在最初进行蚕桑资源园本化建设的时候，蚕桑资源主要来源于园外，如农户的桑树园、养蚕农户、丝绵被厂等。园外蚕桑资源的利用花费了我园大量的人力、物力和财力，但是，教师设计出的蚕桑活动还是有点脱离幼儿的实际生活，而且使用的时候相当不方便。可以说，当时蚕桑资源的开发还没有做到因地制宜。异地搬迁之后，我园拥有了一流的硬件条件。为了完善蚕桑资源园本化的建设，我园在室内外创设了丰富的蚕桑实习场，如养蚕坊、桑树园、蚕桑一条街、丝绵被加工坊等。至此，我园蚕桑资源的开发从园外转向了园内，这样的调整让蚕桑园本课程的内容更加丰富且贴近幼儿的生活，蚕桑活动更具操作性，更加能够激发幼儿的探究欲望。拉棉被、亲子剥棉如图3-2、图3-3所示。

图3-2 拉棉被

图3-3 亲子剥棉

（二）蚕桑资源的活动，从单一走向多元

蚕桑资源的开发与利用最终是将蚕桑资源转化成符合幼儿年龄特点且可操作的蚕桑活动。在蚕桑资源园本化建设的初期，我园的蚕桑活动开发与设计更多的是从教师的角度出发，而且活动的形式比较单一，主要集

中在集体教学活动和区域活动。但是,我园整体搬迁后,园内蚕桑文化环境的创设让蚕资源变得更加丰富,可开发的蚕桑活动也更具操作性。蚕桑活动也突破了集体教学和区域的限制,开始尝试融于幼儿的一日生活、室内外游戏、专用教室、公共环境之中。由此可见,蚕桑资源的有效开发,让蚕桑资源的教育功能得到了大大地提高,让蚕桑活动的形式从单一走向了多元,让幼儿得到了全方位的发展。

(三) 蚕桑课程的要素,从模糊走向清晰

蚕桑资源园本化的基本要素主要包括课程的目标、内容、实施和评价。我园的蚕桑资源园本化主要对以上四个元素进行完善。我园对课程目标进行提炼,明确以蚕桑资源为载体促进幼儿蚕桑关键能力的发展。对课程内容进行有效拓展,重点关注同一资源的多维度开发,以达到深挖蚕桑资源教育价值的目的。课程实施中,我园为幼儿创设真实和拟真的蚕桑实习场,让幼儿在实习场活动中体验、操作、探究和发现,从而获得具象蚕桑体验。对于课程评价,我园在原有的基础上加入了学习故事这个评价手段,力求贯彻幼儿在前、教师在后的课程建设理念。随着蚕桑资源园本化的目标、内容、实施及评价的不断完善,我园蚕桑资源课程化建设也逐步走向了成熟。

由此可见,蚕桑主题篇章经过后期蚕桑资源的深度开发、蚕桑活动的设计、蚕桑课程要素的再完善,逐步从蚕桑主题发展为蚕桑资源园本化了。

四、蚕桑资源园本化的理念与思路

我园研究的"十一五"和"十二五"省级课题都是围绕古镇文化资源开发的,虽然,当时还没有课程建设的意识,但是,课题研究帮助我园积累了大量的散点式的集体教学活动和区域活动。这些资料的积累为后期在古镇文化背景下开发蚕桑资源园本化做好了铺垫。我园蚕桑资源园本化是自上而下的,即先确定课程的理念和目标,然后再根据目标确定相关的主题,最后梳理相关主题下的具体活动。

(一) 蚕桑资源园本化的核心理念

在陈鹤琴的"活教育"、陶行知的"生活教育"和华德福等教育理念

引领下,我园经过了二十多年课题研究,逐步确定了蚕桑资源园本化的理念是"真实、操作、合作"。

1. 真实

真实是我园蚕桑资源园本化最核心的理念,这里的真实主要包括蚕桑资源来源于幼儿的真实生活、为幼儿创设真实的蚕桑游戏情境和对幼儿进行真实的蚕桑教育。

(1) 真实的蚕桑生活

真实的蚕桑生活主要包括真实的生活和真实的资源。也就是说,蚕桑资源来源于幼儿的生活,为幼儿今后的蚕桑生活服务。所以,蚕桑资源纳入幼儿园的课程建设是比较自然的,是为幼儿的现实生活所服务的。由此可见,我园蚕桑资源园本化过程就是基于幼儿的真实生活的,真实的生活就是最真实的教育。

(2) 真实的蚕桑情境

真实的蚕桑情境主要是指我园在蚕桑资源园本化过程中以蚕桑实习场为切入口,为幼儿创设真实的蚕桑游戏情境。我园的真实蚕桑游戏情境主要分为两大类,一类是园内的拟真情境,另一类是园外的真实情境。园内拟真情境主要是我园充分利用园内的条件为幼儿创设蚕桑活动的情境,如蚕桑一条街、养蚕坊等供幼儿操作、实践和体验,让幼儿获得蚕桑方面的有益经验,如图3-4、图3-5所示。园外的真实情境主要是我园与蚕桑基地合作,让幼儿走进真实的蚕桑实习基地进行参观、操作和实践,获得真实生活中的蚕桑知识,并感受蚕桑资源给人们生活带来的精彩。

图3-4 蚕桑一条街　　　　图3-5 养蚕坊

（3）真实的蚕桑教育

真实的蚕桑教育是指我园以蚕桑资源为载体、以育人为目的的教育，在促进幼儿关键能力发展的同时，培养"真"人的真教育。我园蚕桑资源园本化的目的是让幼儿从小受到蚕桑文化的滋养，从而激发幼儿热爱家乡的情感，是一种"真实"蚕桑文化的启蒙教育。

2. 操作

操作是在蚕桑课程园本化活动中，以幼儿本位为教育理念，让幼儿在蚕桑实习场中通过自己动手、实践和体验获得蚕桑有益经验。这样的操作不是简单意义上的动手操作，而且在特定的、动态或者可变的蚕桑情境下，带有特定的任务意识，去解决真实生活中的蚕桑问题。

（1）带有特定的任务

特定的任务是指蚕桑实习场的活动往往是指向某个目标的，幼儿在活动中就要针对目标去完成具体的任务。所以，幼儿在活动中需要承担一定的角色，完成相应的工作任务。

（2）解决真实的问题

由于蚕桑实习场活动是具有目标性的，所以，幼儿在完成目标的过程中自然会碰到相应的问题，这些问题都是真实情境下产生的。为了达到预期的目标，幼儿就会通过不断探索、改变材料的使用、与同伴进行合作、向同伴和教师请教等方法试图去解决问题。由此可见，整个蚕桑实习场活动的过程就是解决真实问题的过程。

（3）动态变化的现场

蚕桑实习场不是一成不变的，而是一个动态变化的现场。因为，它随着蚕桑材料、幼儿、预定的目标等变化而变化。同时，蚕桑实习场还是一个可随时进行拓展和延伸的现场。当园内实习场受到条件的限制时，蚕桑实习场可以转换阵地，向园外的真实实习场进行拓展，以达到拓展和延伸幼儿蚕桑经验的目的。

3. 合作

蚕桑资源园本化的发展是一个全员共同参与、合作的过程。我园全体教职员工、幼儿、家长和社区工作人员都是蚕桑资源园本化的参与者和合作者。所以,蚕桑资源园本化是合作的结晶,主要包括合作的主体、渠道和文化等方面。

(1) 合作的主体是多元的

蚕桑资源园本化的主体是多元的,主要包括我园全体教职员工、幼儿、家长和社区工作人员。虽然这些人都是蚕桑资源园本化的主体,但是,他们却担负着不同的角色和使命。全体教职员工是蚕桑资源园本化的责任主体,承担着蚕桑资源园本化的主要责任,包括蚕桑资源的梳理、选择、开发和设计等内容。幼儿是蚕桑资源园本化的学习主体,是通过蚕桑资源园本化学习并最终得到发展的对象。学习主体的情况也决定着蚕桑资源园本化进行的发展与走向。家长是蚕桑资源园本化的支持主体,一方面,家长为蚕桑资源园本化提供大量的物质和精神上的支持,让蚕桑活动得以顺利地开展;另一方面,蚕桑资源园本化促进家长教育观念的转变和新教育理念的形成。社区工作人员是蚕桑资源园本化的协作主体,特别是在园外的实践活动当中,社区工作人员为我们提供交通、场地、专业技术、现场解说等工作,以此来确保园外真实实习场活动的有效性。

(2) 合作的渠道是多元的

蚕桑资源园本化的过程中,合作的渠道也是多元的,主要包括互动的师幼合作、台前幕后的合作及现场协调性合作等。首先,蚕桑资源园本化的主体是教师与幼儿,教师与幼儿通过学习、支持及合作的方式进行师幼互动的合作,这是蚕桑资源园本化建设中最主要的合作方式。其次,家长是蚕桑资源园本化的支持者,他们主要通过幕后的支持,如幼儿经验的铺垫、信息的收集、经验的拓展等配合教师开展蚕桑活动,所以,家长与教师之间的合作就是台前幕后的合作。最后,社区工作人员主要进行对我园蚕桑实践活动进行场地的协调、交通的疏导、专业技术的讲解等方面的配合工作,所以,他们与教师的合作就是协调性合作。由此可见,不同的主体合作就会带来不同的合作渠道,多样化的主体合作就产生了多渠道的合作。

(3) 合作的文化是多元的

在蚕桑资源园本化中,合作的主体是多元的,那么,必将导致合作的文化也是多元的。蚕桑资源园本化中,教职员工、幼儿、家长和社区工作人员代表着不同的自身文化。全体教职员工代表着幼儿园的园所文化,幼儿和家长代表着家庭文化,社区工作人员代表着社区文化,甚至是种族的各类文化。所以,蚕桑资源园本化是多元的合作文化。多元的合作文化共同在蚕桑资源园本化过程中进行交汇与融合,从而形成了特定的蚕桑资源园本化的合作文化。

(二)蚕桑资源园本化的建设思路

蚕桑资源园本化过程中,蚕桑资源只是一种载体,我园定位的目标是利用蚕桑资源促进幼儿的发展,在有效激发幼儿热爱家乡情感的同时,关注幼儿关键能力的提升和良好品格的形成。在蚕桑资源园本化过程中,我园关注的是幼儿真实的生活,为幼儿创设真实的情境,让幼儿去发现问题,解决生活当中的真实问题,让幼儿获得有益的蚕桑经验。蚕桑资源园本化的主体从幼儿、教师扩展到幼儿园里的每一位教职员工、家长及社区人员。我园采用"以点带面"的方式来推进课程建设,让身边的每一个人为蚕桑资源园本化建设服务。

基于以上本园对蚕桑资源园本化的认识和思考,我园确定了蚕桑资源园本化的思路,梳理当前蚕桑资源在园本课程建设中的研究现状,分析目前蚕桑资源在园本化中存在的问题与困惑,然后提出蚕桑资源园本化的主要策略。

1. 当前蚕桑资源在园本课程建设的研究现状

对蚕桑资源教育价值的分析之后,我园发现将蚕桑资源植入园本课程是具有可行性的。所以,我园坚定了蚕桑资源园本化建设的决心。之后,我园开始进行蚕桑资源的相关文献研究,主要通过对国内外蚕桑资源与课程建设的文献研究,了解目前蚕桑资源在园本课程建设中的现状,为后期蚕桑资源园本化建设做好充分的准备工作,避免走前人的重复之路。

2. 目前蚕桑资源在课程建设中存在的问题与困惑

我园结合园所的实际情况,分析目前在蚕桑资源园本化建设中存在的问题和困惑,主要从硬件条件、教师、幼儿、家长、社区资源和课程特色等方面进行优势和劣势的分析,然后找到目前存在的问题和困惑。分析结果表明教师的课程意识还不强,课程建设的能力比较薄弱;蚕桑资源纳入课程建设的路径比较单一，缺乏深度挖掘蚕桑资源教育价值的策略；蚕桑资源如何促进幼儿关键能力的发展策略不明等。这些问题的梳理有助于我园进行针对性的理论学习、实践和反思，从而提高蚕桑资源园本化的有效性。

3. 蚕桑资源园本化建设的主要策略

有效的策略是蚕桑资源园本化建设的关键，所以，我园在蚕桑资源园本化建设前期就对主要策略进行了研究和设计。最终，我园决定主要从提炼蚕桑资源园本化的理念、规划蚕桑资源园本化的架构和创设蚕桑环境这三方面入手。目的在于从精神层面、课程本身及物质层面这三个维度进行课程的建设，最终达到精神和物质的统一。

五、蚕桑资源开发园本化的框架

蚕桑资源园本化的有效架构是课程体系建设的一个重要标志。从下面的蚕桑资源园本化系统框架图中可以看出，我园蚕桑资源内容来源于生活，涉及面比较广泛，涵盖幼儿发展的五大领域，充分体现幼儿发展的整体性，课程实施的路径渗透于幼儿一日生活的各个环节。具体框架如3-6所示。

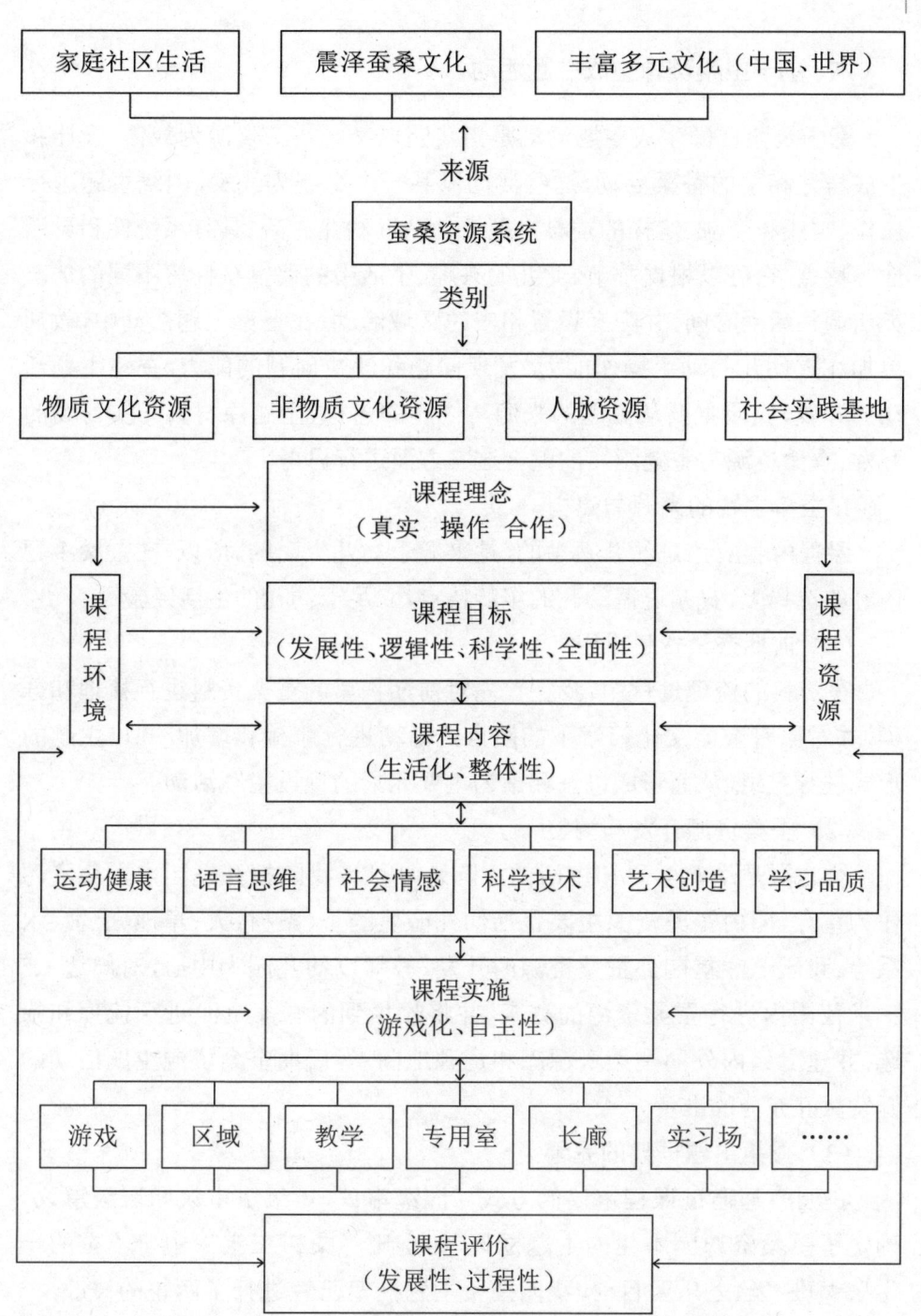

图 3-6 蚕桑资源园本化系统框架

六、基于蚕桑资源生成主题活动

基于蚕桑资源生成主题活动是指我园以某一蚕桑资源为载体,设计和生成与之相关的蚕桑活动,这些活动以某一个主题为线索,围绕主题进行操作、实践和交流。这样的蚕桑主题活动贴近幼儿生活、具有系统性和灵活性等特点,它可以根据季节、幼儿的兴趣、生活中的偶发事件等不同的情况灵活调整活动时间,并配套设置相应的区域活动。在蚕桑主题活动中,教师更加注重幼儿的动手操作能力、发现问题和解决问题的能力。蚕桑主题活动的开发,我园主要从主题的来源与内容的建构、主题原材料与实习场的开发、蚕桑资源与主题网络的整合这三方面进行思考。

1. 蚕桑主题的来源与建构

课程内容应该是幼儿熟悉的,是来源于幼儿生活的。所以,在蚕桑主题内容的选择上,我园遵循幼儿的年龄特点,立足于幼儿的生活经验。

(1) 前期蚕桑资料重组

在资料的梳理过程中,我园首先对前期积累的蚕桑资料进行梳理和分类,并对原有蚕桑文化篇章下的散点式活动进行删减和增加,并以主题的形式进行重组,从而形成以蚕和桑为主要元素的预设主题活动。

(2) 蚕桑资源开发和调整

幼儿园是幼儿学习和生活的主阵地,所以,我园把开发园内蚕桑资源作为重点,园内蚕桑资源主要包括幼儿园里的蚕、桑树、人、草地、上坡、水系等。我园还注重园外蚕桑资源的开发。教师以幼儿园为中心,对周边1.5千米范围内进行蚕桑资源的普查,并将收集到的蚕桑资源进行梳理和筛选,并建立园内外的蚕桑资源库和资源地图,为后期蚕桑资源主题活动的开发做好充分的准备。

(3) 蚕桑主题框架的完善

我园教师通过课程审议的方式(园级审议、年级组审议和班级审议)确定了蚕桑资源园本化的主题框架,如小班"桑树三宝"、中班"蚕的一生"、大班"丝之乐"。目前,我园蚕桑主题框架已经进行了两轮的修改,一方面,由于幼儿园的异地搬迁,周边的蚕桑资源发生了变化,需要及时进行调整和完善；另一方面，我园采用学习故事、评价量表等多种评价方法反观幼儿的发展情况，以此提高蚕桑课程的适宜性。

2. 蚕桑主题原材料与实习场的开发

蚕桑主题原材料就是与蚕桑元素相关的资源，主要是"蚕"和"桑"，还有与之相关元素的材料。蚕桑给人的感觉是成人化的，就是传统的养蚕。为了让蚕桑资源变得课程化、儿童化和生活化，我园结合幼儿的年龄和学习方式的特点，利用蚕桑元素为幼儿创设真实的实习场。

（1）蚕桑主题下实习场的创设

蚕桑主题下的实习场是指教师围绕蚕桑主题的内容，利用主题内容中的元素，将收集到的相关材料投放于创设的情境中，幼儿与材料、环境进行有效互动的一种探究性学习模式。蚕桑实习场的创设有利于调动幼儿蚕桑学习的积极性，幼儿在活动中通过不断地与材料进行互动，在发现问题、解决问题和出现新问题的过程中不断建构知识框架。

（2）蚕桑主题下材料的投放

蚕桑实习场的创设离不开蚕桑材料的投放，幼儿在与蚕桑材料的互动中获得与蚕桑相关的有益经验。由此可见，蚕桑材料投放的适宜性对于幼儿有益经验的获得是相当重要的。首先，直接材料的投放。直接材料就是指教师围绕主题，投放与主题具有直接关系的材料，如蚕、桑、茧、桑枝等。其次，间接材料的投放。间接材料主要指与蚕桑主题没有直接关系，但是具有间接联系的这部分材料。如蚕宝宝上山需要的稻草、柴龙等。最后，辅助材料的投放。辅助材料就是指为了帮助幼儿完成蚕桑相关的探究活动而提供的一系列具有支持作用的材料，如养蚕坊里的记录表格、记号笔、展台等。

（3）蚕桑实习场群的形成

最初的蚕桑实习场是单个的、独立的、没有联系的，随着蚕桑实习场建立的数量越来越多，单个、独立的蚕桑实习场之间无形当中就有一条主线进行串联，有着错综复杂的关系，以至于形成了蚕桑实习场群。蚕桑实习场群也就是指多个单独的蚕桑实习场并存的，且具有一定内在联系的，并相互影响的实习场群体。在茧艺工作坊里，茧子在茧花实习场里可以加工成茧花、蚕茧指偶、装饰镜框、服饰等手工艺品。而在抽丝实习场，茧子又可以用来抽丝、剥绵、翻丝绵被等。在养蚕坊里，茧子又可以用来浸泡做实验。由此可见，蚕桑实习场群的建立，可以让蚕桑材料相互流通、相互补充，从而到达一物多用、物尽其用的目的。

3. 蚕桑资源与主题网络的整合

蚕桑主题的产生依赖于蚕桑资源的合理利用，蚕桑资源的合理利用能够有利于主题网络的架构和丰富。基于此，我园有效地利用蚕桑资源进行蚕桑主题网络的架构，主要从大网络的预设、小网络的生成及蚕桑资源与主题网络融合三方面入手。

（1）蚕桑主题大网络的预设

蚕桑主题等同于蚕桑资源的开发与利用，所以，我园以"蚕""桑""茧"等主要蚕桑元素预设蚕桑大主题，并形成相应的大网络，如"蚕的一生""桑树三宝""茧之乐"等。预设主题的目的在于教师为幼儿制定预设的发展目标，明确幼儿发展的方向。在预设主题的同时，教师把大网络的分支留给幼儿，为幼儿的生成活动做好预留的空间。由此可见，蚕桑主题大网络的预设不仅为后期的生成活动开展做好了准备，而且为幼儿的发展制定好了相应的目标。

（2）蚕桑主题小网络的生成

蚕桑主题小网络是相对于大网络而言的，小网络其实是指教师在预设主题大网络的基础上，为追随幼儿的兴趣或者典型事件的出现而预留的空白，即幼儿生成的蚕桑活动。蚕桑主题小网络的生成是建立在幼儿对蚕桑问题深度探究之上的。在"桑树长高了"的主题活动中，当幼儿以不同的工具测量桑树的高度时，幼儿意外发现了桑树根部有许多的洞洞。在探究测量方式之余，幼儿又去探究洞洞的秘密，从而产生了"有趣的洞洞"这个主题小网络。由此可见，蚕桑主题小网络活动的生成其实就是大网络上的分支衍生出来的相关活动，是蚕桑主题活动深层次探究的产物，是对大网络活动的丰富、拓展和衍生。

（3）蚕桑资源与主题网络的融合

蚕桑主题网络主要包括大网络和小网络两个部分。大网络主要是指教师利用蚕桑资源为幼儿预设的主题活动框架，小网络主要是幼儿在大网络的预设主题下生成出来的相关活动。所以，蚕桑资源与整个主题网络之间是相互关联、相互融合的。在大网络"桑树"主题活动中，幼儿从认识桑树开始，逐步对桑枝进行了深度探究活动，如桑枝上的桑叶、桑枝弯一弯、比一比等活动。在小网络"可爱的蚕宝宝"主题活动中，教师把桑枝当作幼儿户外活动的器具，让幼儿开展钻、爬、跳等大肌肉运动，充分发挥桑枝这个资源一物多玩的作用。由此可见，在蚕桑主题网络中，蚕桑资源在主题大网络和主题小网络中不同的用法，能够起到同一资源多维度开发与利用的效果。所以，蚕桑资源与主题网络是真正地融合的。

由此可见，蚕桑资源的有效利用直接影响着主题活动网络架构的构建，蚕桑资源的选择、拓展和多维度的开发利用也反作用于蚕桑主题网络的生成，决定着幼儿探究活动的走向。所以，蚕桑资源是蚕桑主题活动生成的主要载体。

七、系列开发蚕桑资源，使蚕桑活动立体化

3～6岁的幼儿处于感知运动和具体形象思维发展阶段，因此，幼儿园课程应从幼儿发展特点出发，引导幼儿在生活、游戏等多样化的活动中，与周围环境相互作用，充实经验。基于此，我园在蚕桑资源园本化的建设过程中以蚕桑实习场为切入口，对蚕桑资源进行系列化开发，让蚕桑活动变得立体化。

（一）点状截取，注重体验，以探究为途径开发蚕桑活动

蚕桑实习场是一种感性的、综合性的真实学习情境。在蚕桑实习场的活动中，幼儿通过自己动手采摘桑叶、切桑叶、喂养蚕、清理蚕沙等一系列探究性活动去发现问题、解决问题，从而获得有益经验。在蚕桑活动的开发过程中，教师抓住蚕和桑这两个元素创设蚕桑实习场、开发蚕桑活动，让幼儿在蚕与桑的实习场中动手操作、实践、探究和体验。

1. 截取点状蚕桑元素，开发蚕桑活动

在前期的蚕桑活动中，教师以参观蚕桑园、小范围的养蚕活动等方式来推进蚕桑资源的开发。但是，这样的蚕桑活动具有一定的局限性，形式浮于表面，幼儿动手操作的机会较少。针对以上情况，我园尝试以蚕和桑为载

体创设真实的学习情境,对蚕和桑这两个元素进行资源的梳理,然后开发相关的蚕桑活动。在"蚕宝宝来了"的案例中,教师组织幼儿针对在哪里养蚕、养蚕需要什么等问题进行了重点讨论。于是,在顺应幼儿需要的基础上,教师开发了主题活动"我们设计的养蚕坊",主要让幼儿通过实地参观蚕桑园、调查、访谈等方法收集养蚕方面的资料。在养蚕坊环境创设中,为了添置养蚕工具和布置养蚕坊,教师开发了"养蚕工具大调查""设计蚕宝宝的家""大家一起来动手"等活动。在后期的饲养中,教师又开发了"蚕宝宝的一生""可爱的蚕宝宝""蚕宝宝的食物"等一系列以蚕为元素的活动。在这个主题活动的开发中,教师以蚕为中心,围绕在哪里养蚕、如何布置我们的养蚕坊、养蚕需要什么工具、怎样养蚕等内容进行蚕桑活动的开发。从中幼儿了解了养蚕坊创设的必要条件、养蚕的基本要求、蚕宝宝从蚕卵到上山结茧整个生命周期、养蚕的不同工具、喂养条件、桑叶储存方法、清理要求等全方位的知识。养蚕坊创建的案例中,教师鼓励幼儿自己去选址、购买养蚕工具、布置养蚕室等,其实就是帮助幼儿在探索的过程中不断积累养蚕方面的综合知识,丰富幼儿蚕桑的相关经验,从而让幼儿原有的蚕桑知识框架得到重构。

2. 抓住偶发教育契机,生成蚕桑活动

《3～6岁幼儿学习与发展指南》中明确指出要珍视幼儿生活和游戏的独特价值,关注偶发事件的教育价值。所以,在蚕桑实习场的创设中,教师注重幼儿的偶发性活动,以此来生成蚕桑活动。在"蚕宝宝的食物"活动中,幼儿自己去桑园采摘桑叶喂养蚕宝宝,结果发现不同时期的蚕宝宝对桑叶的要求是不同的。于是,探究活动"食物配对""有趣的桑叶""蚕宝宝喜欢……"等生成了。在喂养蚕宝宝的过程中,幼儿还发现刚从蚕卵里孵出的蚕宝宝喜欢吃鲜嫩的桑叶,可是整张桑叶又不会吃,于是,探究活动"桑叶变变变"就生成了。活动中,幼儿首先讨论让桑叶变小的方法,然后尝试用剪刀、小手、刀、小锤子等工具,通过剪、撕、切等方式把嫩桑叶变小,最终让幼蚕都能够吃饱。在这样的偶发性蚕桑活动中,幼儿有了充分的动手操作机会,他们自己观察研究、动手动脑,真正地去发现养蚕过程中遇到的困难,并通过多种办法去解决遇到的问题。在此过程中,教师注意观察幼儿,抓住契机,并给予支持,从而生成了深度探究的蚕桑活动。

(二)线形推进,脉络延伸,以情境为线索开发蚕桑活动

前期,我园开发了一系列点状的、单个的、相对比较独立的、幼儿可操作的蚕桑活动。为了将这些活动有效串联形成脉络式的主题活动,教师继续以深度开发蚕桑实习场地为路径,以情境为线索开发蚕桑活动。

1. 从点到线的串联,推进蚕桑活动的深度开发

点状的蚕桑实习场是单个的、独立的、互不联系的,这样的蚕桑实习场活动也是相对独立的,幼儿的操作容易出现简单化和重复性。所以,点状蚕桑实习场中幼儿所获得的经验是片面的,幼儿的发展也是不全面的,而且是没有系统性的。为此,我园尝试将点状的蚕桑实习场以一根主线的方式进行串联,旨在形成线状的、相互联系的、层层递进的蚕桑实习场系列活动,以此推进蚕桑活动的深度开发。在养蚕活动中,我园以蚕为中心,对蚕的养殖与应用进行有效的串联。在新园搬迁之际,教师就组织幼儿讨论养蚕需要准备些什么。通过讨论和前期的调查,幼儿知道养蚕的必要条件是需要有养蚕室和桑树园。所以,我园开辟了桑树园,供幼儿种植桑树、采摘桑叶等,还在室内改造了养蚕室。之后,蚕宝宝上山结茧了,教师又组织幼儿讨论茧子与人们生活的关系。通过讨论,幼儿知道茧子可以做成丝织品、真丝衣服等。为了帮助幼儿了解从茧子到丝织品的整个过程,教师通过带领幼儿参观蚕桑园、缫丝厂、观看视频、调查访问等途径开发了缫丝、剥茧、拉绵、制衣、包装和销售一系列的蚕桑活动。在这个过程中,多个点状的蚕桑实习场在蚕的养殖与应用这根主线的串联下,形成了线状的、相互联系、相互影响又层层推进的蚕桑实习场系列活动。这样的蚕桑实习场活动能够帮助幼儿获得的蚕桑经验从零散走向系统化,不仅能了解从蚕卵到生丝织品的整个过程,而且也能了解蚕与人们生活的紧密关系。线状蚕桑实习场的探索过程是满足幼儿学习需要的、步步深入的,是追随着幼儿的学习脚步逐步创设的。

2. 以脉络和生成的并用,催生蚕桑活动的独特价值

脉络是指在一定时间内各种相对的或结合的境况之间的联系和条理,它更加强调事物内在的联系性和条理性。所以,为了完善线状蚕桑实习场

的功能,并充分发挥其创建的价值,教师开始关注蚕桑实习场脉络的延伸和幼儿的生成活动,以此来丰富蚕桑实习场的内容,有效地催生蚕桑活动的独特价值。在"茧子变变变"的活动中,当大家在仔细观察丝从茧子慢慢抽出的时候,乐乐小朋友突然冒出了一句:"老师,妈妈带我去过蚕桑园的,那里的茧子还能够变成花呢。"没想到,乐乐的话引起了大家的热烈讨论。基于幼儿的兴趣,也为了满足幼儿的好奇心,教师带领幼儿参观了太湖雪蚕桑园,体验亲手制作茧花的乐趣。回园后,教师和幼儿共同创设了茧子俱乐部实习场,开发了以茧子为载体的系列活动,如茧花制作、茧子创意画、制作茧子饰品、茧子抽丝、创意包装和扇面画等,让幼儿在动手操作、体验和探究的过程中感知茧子的神奇特征。茧子俱乐部蚕桑实习场的开发,就是我园对同一资源的多维度开发利用的大胆尝试。这样的尝试有助于教师对资源价值进行深度挖掘,从而将其作用发挥得淋漓尽致。在多维度资源开发的活动中,幼儿获得的体验、感受和经验虽然是平行的,但却是多角度的。所以,幼儿通过此类在蚕桑实习场进行的活动,他们的情感、认知、社会性审美等方面就会获得全面发展。

(三)面状铺开,交错相连,以生态为背景开发蚕桑活动

面状铺开主要指整个蚕桑资源园本化建设体系内各个点状蚕桑实习场以蚕桑元素为纽带互相连接起来,并且每一个点状蚕桑实习场至少与其他两个点状实习场相连。面状铺开的蚕桑活动开发以生态为背景,以尊重和维护自然为前提,以人与人、人与自然、人与社会和谐共生为宗旨,以建立幼儿的可持续发展为着眼点。

1.面状铺开的架构方式让蚕桑活动错综复杂

面状铺开是指单个活动之间存在着相互关联,它们之间既相互独立,又相互联系、相互影响,甚至相互补充。所以,在蚕桑活动开发的过程中,我园以蚕桑元素为关联开发了一系列面状结构的蚕桑实习场活动。在"我要上山结茧啦!"活动中,蚕宝宝要上山结茧了,它需要用到什么呢?教师组织幼儿发放调查表,结果得知蚕宝宝上山结茧有许多方法,如柴龙、网格、稻草、纸盒等,其中最古老的方式就是柴龙,这也是幼儿最感兴趣的。所以,在养蚕高手爷爷奶奶的帮助下,教师和幼儿一起绕好了柴龙,蚕宝宝安

心结茧了。可是,幼儿对于柴龙的讨论又无休止了。柴是从哪里来的呢?对于幼儿的疑问,教师引导幼儿通过网络学习、询问爷爷奶奶、调查等方法知道了柴原来是水稻。于是,水稻是怎样的、如何种水稻、在哪里种、如何预防小鸟偷吃粮食等一系列水稻种植的实习场逐步地开发了出来。这一系列面状蚕桑实习场的创设,让原本单个的养蚕活动与柴、水稻基本特征及种植等相互联系,从而形成了蚕与水稻、水稻与小鸟、小鸟与人之间错综复杂的关系。此时,蚕桑实习场已经突破了它本身蚕桑活动所发挥的教育价值,而与蚕桑元素相关的事物产生了关联,在两个甚至更多实习场的相互影响和作用下,对幼儿的发展起着共同促进的作用。

2. 生态理念的实施背景让蚕桑活动更贴近生活

生态就是指一切生物的生存状态,以及它们与环境之间环环相扣的关系。蚕桑实习场创设过程中,我园将其置于生态理念的背景下,把蚕桑实习场从形式和内容两方面进行拓展和延伸,让原本单个的蚕桑实习场与周围的人、动物、植物及周围的自然环境产生相互关联,从而形成和谐共生、共同发展的生态理念。在饲养蚕宝宝的过程中,幼儿以小组为单位领养桑树、种植桑树,共同照顾桑树长大。同时,以桑叶来喂养蚕宝宝,并将蚕宝宝清理出来的蚕沙作为班级种植地里各种蔬菜和植物的肥料,修剪下来的桑枝为蔬菜搭架子,长大的蔬菜可供幼儿采摘、烧煮、食用。幼儿在照顾桑树和饲养蚕宝宝的过程中,不仅感受到了劳动的艰辛,培养了幼儿良好的劳动习惯,而且让幼儿感受了生命的成长和可贵,有效增强了他们热爱生命的情感。这样的蚕桑实习场实现了从人到物相互影响的过程,在不断的循环过程中形成以养蚕活动为中心的生态链。可见,在这样一系列蚕桑实习场活动中,我园将人、动物与植物进行有机的融合,形成了一个真实生活的蚕桑实习场情境,让每一个幼儿都成了蚕桑实习场活动的主角。

在系列化开发蚕桑活动的过程中,蚕桑实习场的创设起着关键性作用。因为,蚕桑实习场的创设是基于幼儿的生活、提出的问题和产生的经验产生的,它追随着幼儿的兴趣点逐步拓展,起着不断推进、不断深化、不断拓展蚕桑活动的重要作用。也正是蚕桑实习场的有效创设,让我园得以完成从点状到线状,再到面状开发蚕桑活动的过程,让蚕桑活动变得立体化了。

第四章　基于蚕桑资源的幼儿园环境创设

幼儿园环境是指幼儿园的空间、设施、活动材料和常规要求等应有利于引发、支持幼儿的游戏和各种探索活动，有利于引发、支持幼儿与周围环境之间积极的相互作用。我园积极利用蚕桑资源，将一楼中厅公共环境、班级环境、户外环境进行统一考虑、合理规划，创设具有蚕桑文化氛围的幼儿园环境。通过环境的创设努力使幼儿园每一处环境都彰显蚕桑文化特色，使幼儿时时刻刻都能感受家乡蚕桑的美，为家乡而自豪，从而激发幼儿对家乡的热爱之情。

一、蚕桑资源融入幼儿园环境创设的价值

我园积极利用震泽古镇蚕桑资源创设幼儿园环境，在充分挖掘蚕桑资源教育价值的基础上，帮助幼儿深入了解震泽古镇蚕桑文化的悠久历史，促进幼儿全面发展，增强幼儿对家乡蚕桑文化的自信，从而激发幼儿对蚕桑资源的探究兴趣。蚕桑资源环境的创设可以促进教师在蚕桑环境规划、蚕桑活动开发、蚕桑资源利用等方面能力的发展，从而使幼儿园凸显蚕桑特色。

（一）促进幼儿全面发展

震泽古镇蚕桑文化历史悠久，在历史发展进程中形成了丰富的蚕桑资源，震泽的幼儿从小深受本地蚕桑文化的熏陶，积累了一些粗浅的经验。基于此，我园对已有的蚕桑资源进行调查、筛选、整合、利用，将蚕桑资源运用

于幼儿园的环境创设，让幼儿对震泽的蚕桑文化产生认同，激发幼儿热爱家乡的情怀，促进幼儿在情感、态度、品质等方面的发展。

1. 加强蚕桑文化认同，增强幼儿归属感

蚕桑文化渗透于古镇人们生活中的方方面面，幼儿从小耳濡目染，积累了一些比较零散和初浅的经验。为了增强幼儿对蚕桑文化的认同感，教师应加强对蚕桑文化传承的责任意识，引导幼儿建立积极的蚕桑文化认同感，提高蚕桑文化认同能力。我园主张将蚕桑资源有效地运用于蚕桑实习场、区角游戏、节日游戏等环境创设中，让幼儿在潜移默化中受到蚕桑资源的影响。

我园主张没有围墙的幼儿园，即打破幼儿学习的空间限制，让幼儿零距离接触震泽古镇的蚕桑文化，为此，我园积极与古镇旅游公司合作，推出"小蚕宝大积分"兑换活动。幼儿可通过参加小蚕宝才艺秀、小蚕宝植树活动、领养蚕宝宝、桑园小导游等活动进行积分累计，并将其兑换成旅游参观券、桑葚采摘券、桑园野炊券、茧艺工坊体验券等。此项合作将幼儿的学习从园内延伸至园外，让幼儿在活动中深度感受家乡的蚕桑文化。同时，有效地增强了幼儿对蚕桑文化的认同感，不仅让幼儿知道了蚕桑是震泽古镇特有的一张名片，还将它视为一种家乡的归属感。

2. 传承蚕桑文化精髓，培养幼儿情怀意识

蚕桑产业是政府重点扶持产业，而蚕桑文化是每一个古镇人心中的乡愁。近年来，受西方文化的影响，我国的传统文化逐渐流失，幼儿的爱国意识比较薄弱，而少年强则国强，他们是祖国的希望，爱国主义教育应该从娃娃抓起，家国情怀意识也应该从小培养。

蚕桑与古镇人们的生活息息相关，我园积极利用园内外蚕桑资源让幼儿全方位、全身心地浸润于古镇的蚕桑文化中。如我园开展的"桑葚节"亲子活动，邀请家长与幼儿一起采摘桑葚、制作果酱，品味独有的蚕桑"味道"；"蚕花节"系列活动中，家长和幼儿一起观看"蚕花节"的开幕式，畅玩"蚕花节"的游戏活动，感受浓厚的节日活动氛围；在养蚕室中，家长和幼儿一起饲养蚕宝宝，体验饲养活动的乐趣；在桑园里比较不同的桑树，拓展对桑树的原有认知……

以上的实践活动主张在教育中渗透蚕桑文化因子,让幼儿在生活中切身感受蚕桑文化的魅力,在幼儿心中播撒蚕桑文化的种子,让长大后的"他"总有一丝牵挂在震泽,从而让蚕桑文化传承。

3. 设计蚕桑资源游戏,促进幼儿经验"生长"

爱玩是幼儿的天性,我园设计的蚕桑资源游戏活动具有趣味性、情境性、探究性等特点,这些特点符合幼儿的学习方式,能唤起幼儿的兴趣与注意力,能激发幼儿积极地学习,在轻松愉快的氛围中,让幼儿的蚕桑经验获得"生长"。

我园合理规划园内的每一处角落,尝试以蚕桑资源为载体设计丰富、多元的蚕桑游戏,让幼儿在蚕桑游戏中获取有益的蚕桑知识与经验,从而达到经验"生长"的目的。在公共长廊里,我园鼓励幼儿尝试抽丝、剥棉,丝绸扎染和设计衣服等;在养蚕室里,让幼儿饲养蚕宝宝,绘画养蚕故事;在茧艺工坊里,让幼儿制作茧艺造型、茧花香薰等;在生活坊中,让幼儿制作桑葚果酱、桑葚棒冰、桑葚果干和桑叶糕;在户外桑园旁,让幼儿利用桑枝开展"小猪造新房""穿越火线""赶小猪"的户外体育游戏;在班级区角游戏中,让幼儿利用桑叶进行大小排序、数量匹配、脉络拓印等活动。丰富多样的蚕桑游戏像网一样,连接了幼儿全方位的经验,在促进幼儿蚕桑经验"生长"的同时,帮助幼儿有效重构蚕桑知识框架体系。

(二)促进教师专业成长

环境作为一种"隐性课程",对幼儿具有重要的作用。将蚕桑资源融入环境创设不仅能促进幼儿发展,还能促进教师在空间规划、活动开发、资源利用等方面专业能力的发展。

1. 巧用蚕桑资源,提高教师空间规划能力

科学合理地规划空间对幼儿园的环境创设起着至关重要的作用,而教师的空间规划能力关系到幼儿园整体环境的布局。搬入新园后,全体教师一起梳理了我园近二十年来的课题研究成果,将江苏省"十二五"课题研究成果中的蚕桑资源板块进行重点梳理与分析,厘清已有研究成果、梳理现有蚕桑资源、明晰蚕桑资源与幼儿经验发展的关系、转变教师运用资源的理念、提升教师运用资源的能力。根据新园的布局,我园串联农耕资源与

蚕桑资源,结合南边的桑园与门厅,重点将一楼走廊打造成蚕桑特色廊。将一楼年级组办公室改造成养蚕室,从一只茧开始延伸,将"抽丝、剥棉、绕线、扎染、设计、成衣、展示"串联成一条线进行空间规划。同时,我园结合幼儿的能力与兴趣,创设了茧艺工坊、雨辰工坊、雨辰线展、雨辰扎染、雨辰制衣、雨辰T台等公共游戏区,目的在于合理规划园内的每一个空间,挖掘每一个转角的价值,尽显不同空间的优势。

蚕桑资源的无缝衔接、游戏空间的合理规划、蚕桑浓郁氛围的凸显及丰富多样的蚕桑游戏活动为幼儿发展提供无限可能的同时,更大程度上也提高了教师对蚕桑资源的合理开发和利用,并能将其与蚕桑环境创设进行有机的融合,从而有效地提升了教师在蚕桑环境创设中的空间规划能力。

2. 善用蚕桑资源,提升教师活动开发能力

随着震泽古镇荣获"中国丝绸小镇"的称号,当地政府逐渐加大对蚕桑业的开发与扶持,现有的太湖雪蚕桑文化园、丝创园、蚕丝被厂、桑葚采摘园、农机具博物馆等资源都可纳入我园蚕桑资源课程化建设中,为课程内容注入源源不断的活力。

我园主张以儿童视角阐释教育真谛、回归教育本真,提倡"真教育""真活动"与"真游戏"。在蚕桑资源课程化的建设中,我园根据幼儿年龄特点、身心特点和现有的园内外蚕桑资源预设了三个不同年龄段的主题活动,如小班的"桑树三宝"、中班的"蚕的一生"、大班的"丝之乐",每个班级根据本班幼儿的实际情况和感兴趣的"点"开展蚕桑主题活动。在蚕桑主题活动中,教师通过饲养观察、绘画表征、实践参观、调查访问等方式关注对幼儿探究意识、问题意识的培养。特别是对于幼儿生发的、具有典型的、操作性强的蚕桑活动,生成了微主题活动和项目活动。这不仅丰富了我园蚕桑资源课程化建设的内容,而且让教师练就了一双智慧的、善于发现课程资源的双眼,从而有效地提升了教师开发蚕桑活动的能力。

3. 创设蚕桑实习场,提高教师资源利用能力

实习场是当代教与学的心理学中关于学习环境的隐喻,具有真实性、情景化、行动化等特点。我园的蚕桑实习场包括真实实习场(太湖雪蚕桑文化园、丝创园、辑里蚕丝被厂等)和拟真实习场(桑园、养蚕室、茧艺工

坊、蚕桑文化馆、蚕桑一条街、蚕丝被展示厅等），主张以"问题"为导向，鼓励幼儿直接感知、实际操作、亲身体验。

我园巧用蚕桑资源开发了养蚕室、茧艺工坊、丝绸染坊、桑田手作、雨辰线展、雨辰制衣等诸多蚕桑实习场，主张幼儿在蚕桑实习场中通过体验、操作、探究等途径积累经验、提升经验。如喂养蚕宝宝时，幼儿须亲自去桑园采摘桑叶、清理桑叶、剪切桑叶、清理蚕沙；蚕宝宝上山时要绕柴龙，上山后采收茧子，收获的茧子送到茧艺工坊去制作茧偶、茧花、茧画等蚕茧创意；打理桑园时，需要给桑树拔草、松土、施肥、剪枝等；采下的桑叶、桑葚在生活坊中制作成桑叶团子、桑葚糕；剪下的桑枝进行创意手作等。蚕桑实习场的开发与运用，让幼儿沉浸在游戏中，在游戏中劳作，在劳作中体验快乐、积累经验。蚕桑实习场的创设是将现有的蚕桑资源进行循环运用，盘活有限的蚕桑资源活力，发挥蚕桑资源利用的最大效益化，从而实现从蚕桑资源转化成蚕桑活动的过程。这不仅转变了教师的资源观，还有效提升了教师对蚕桑资源的利用能力。

（三）促使园所提升教育质量

蚕桑资源是我园的特色资源，利用蚕桑资源进行环境创设，不仅能营造良好的蚕桑文化环境，彰显蚕桑环境的隐性教育功能，还能突出幼儿园的品牌，从而提升幼儿园的教育质量。

1. 创设蚕桑文化环境，彰显环境教育功能

蚕桑资源蕴含深厚的文化底蕴，与幼儿的发展存在不可割裂的情感连接。我园从蚕桑资源入手，积极营造具有浓郁的蚕桑文化氛围。在新园建造初期，我园已有初步的规划：桑园的开辟，高大的野桑林让幼儿了解各种不同的桑树；规划建筑格局，设计塔桥相应的大门，在幼儿园围墙中嵌入镂空的蚕蛾形象，设计以蚕茧和桑叶元素相结合的楼牌号、楼层号、楼层导引图、楼层转角园务栏、走廊墙面、走廊顶部、门牌等；提炼办学愿景，入园门厅中高大的桑树上赫然醒目地布设"蚕桑文化孕育的摇篮"等字样，在这一特定空间给人深刻的蚕桑文化印象；展示桑蚕趣事，我园利用楼梯空间展示一年四季的桑园事与蚕桑事，让幼儿直观、形象地了解蚕桑文化的发展历史。由此可见，我园蚕桑文化环境的创设具有强烈的视觉冲击，让幼儿

园的每一个角落中都散发着蚕桑气息,浓郁的蚕桑文化氛围起着潜移默化的教育功能,有效突凸了环境的隐性教育功能。

2. 打造蚕桑园所特色,凸显幼儿园园所文化

园所文化是幼儿园人文精神的体现,园所文化建设能有效地促进幼儿园保教质量的整体提升与优化。我园园标是一只破茧成蛾的蚕蛾,由蓝色、黄色、橙色三个椭圆形和一个橙色圆形相互交错组成,寓意幼儿在幼儿园、家长和社会的共同努力下破茧成蝶、展翅高飞。我园蚕桑特色明显,从建筑环境的渗透到园内环境的创设,从班级区角游戏延伸至公共游戏区、户外游戏场,从拟真实习场到真实实习场,全方位、全空间、全角落打造蚕桑文化氛围环境。这样的蚕桑文化园所的打造,让每一位幼儿在潜移默化中感受蚕的精神品质,从而形成"勤奋、探究、梦想"的稳定个性;让每一位教师在蚕精神的激励下,形成"执着、奉献、无私"的教学风格;让每一位家长都知晓我园的蚕桑特色品牌,有效凸显我园的蚕桑文化。

3. 建立蚕桑特色品牌,增强示范辐射作用

蚕桑是我园特色品牌。我园依托蚕桑资源的开发与利用,聚力开发了一楼中厅的蚕桑一条街、养蚕室、桑园、茧艺工坊等诸多蚕桑实习场,我园利用蚕桑资源,创设了公共环境、班级环境、户外环境等,分别开展了公共游戏、班级区角游戏、户外游戏等。我园凭借蚕桑资源环境创设,开发了丰富多彩的蚕桑活动,从课程目标、课程内容、课程实施和课程评价四方面完成了基于蚕桑资源课程化的建设。基于蚕桑资源课程化的建设已经成为我园的一张具有代表性的名片,也成了我园的特色品牌。为此,我园承担了吴江区级的多次大型活动现场,在多次会议上分享、交流基于蚕桑资源课程化建设的经验,逐步将经验向周边园所辐射,对其他园所的课程建设起着示范引领作用。

二、蚕桑资源融入公共环境创设

幼儿园公共环境是指幼儿园建筑内部的门厅、走廊、楼梯等场所,是幼儿园环境的重要组成部分。幼儿园公共环境的创设,可以弥补班级区域创设的空间限制的不足,从而进行资源共享。因此,我园积极挖掘蚕桑资源

教育价值,将其与环境进行融合,力求为幼儿创设一个良好的公共环境,让幼儿得以长期浸润在充满"蚕韵"气息的公共环境中,促发其关键经验的"生长"。

(一)创设具有蚕桑文化氛围的公共环境

蚕桑作为震泽地域特色的"本土资源",为创设富有蚕桑文化气息的环境提供了有力保障。在《幼儿园教育指导纲要》与《3～6岁儿童学习与发展指南》精神指导下,我园扎根震泽古镇的蚕桑文化,挖掘蚕桑资源的教育价值,以"蚕"为媒,将蚕桑资源有效融入幼儿园的公共环境创设中,使得公共空间环境蚕意氤氲、公共游戏环境蚕趣盎然、公共文化环境蚕韵飘香。

1. 公共空间环境

幼儿园空间环境是由自然因素和人工因素构成的,与教师和幼儿紧密联系、相互作用的物质空间。我园充分挖掘蚕桑资源的教育价值,规划和利用现有的公共空间和场地资源,使其满足幼儿的自主发展需求。将室内公共空间环境进行分隔,开辟出开放互动的"一馆、一廊、一室、一坊、一园"的特色空间区域,打造蚕意氤氲的公共空间环境。

"一馆"即蚕桑文化馆,如图4-1所示。蚕桑文化馆作为我园的特色场馆,地处二楼东厅。蚕桑文化馆的打造依托浩瀚多彩的蚕桑文化和蚕花节节日文化资源。馆内既有蚕桑图片展示和文字解说,也有蚕桑活动的探索操作和蚕桑互动游戏。小小的场馆让幼儿能够以多通道、多感官的途径去进一步感受蚕桑文化的魅力。

"一廊"即蚕桑特色廊,如图4-2所示。这条特色廊融合了蚕(养蚕室)、桑(桑田手作、桑枝创意)、茧(茧花、茧偶、茧画)、丝(抽丝、剥棉、丝绸工坊、丝绸染坊、丝绸秀场)等蚕桑实习场,将蚕丝特色廊划分成不同功能的蚕桑实习场,让幼儿在饲养、抽丝、设计、印染、展示等实践操作和亲身体验中感受蚕桑文化。

第四章　基于蚕桑资源的幼儿园环境创设

图 4-1　蚕桑文化馆　　　　　　图 4-2　蚕桑特色廊

"一室"即养蚕室，如图 4-3 所示。我园利用蚕宝宝、蚕匾、蚕架、桑叶、鹅毛、蚕药、清理网、上山工具等蚕桑资源进行养蚕室的改造，将室内空间划分成饲养区、储叶区、上山区、展示区、操作区、休闲区六大区域，为幼儿饲养、观察、记录蚕宝宝一生的变化提供了良好的专门场所，同时也克服了以往班级区角饲养蚕宝宝的许多弊端。

"一坊"即茧艺工坊，如图 4-4 所示。在创设茧艺工坊时，我园大力开发茧子资源，充分发挥茧子资源的一物多用性功能。蚕茧不仅可以抽丝、剥棉、拉蚕丝被，还可以进行蚕茧创意，一颗蚕茧经过孩子们的创意加工会创作成各种有趣的作品。这一过程不仅发展了孩子们的想象力、创造力、审美能力、交往能力、表征能力，还让幼儿获得自信感与成就感。

图 4-3　养蚕室　　　　　　　　图 4-4　茧艺工坊

"一园"则是蚕桑园,如图4-5所示。我园结合自身的实际情况,积极与太湖雪蚕桑文化园合作,在原有桑树品种的基础上,引进食用果桑,形成了多样化、多品种的桑树样态,以此来展现我园丰盈的蚕桑环境。

图4-5 蚕桑园

在持续规划、调整公共空间环境的过程中,我园最大限度地利用蚕桑资源,使每一处空间都有不同的蚕桑教育功能,将蚕、桑、茧、丝等蚕桑元素进行有效的融合,真正做到既相对独立又相互联通。

2. 公共游戏环境

打造蚕趣盎然的公共游戏环境,需要依托丰厚的蚕桑资源,充分发挥蚕桑资源的有效性,激发幼儿参与蚕桑游戏的兴趣。基于此,我园搜集整理蚕桑资源,将蚕桑资源融入幼儿的蚕桑游戏中,实现蚕桑资源到关键经验的转变。

在蚕丝特色廊,我园创设了雨辰缫丝、桑田手作、雨辰制衣(如图4-6所示)、雨辰线展(如图4-7所示)、雨辰秀场、蚕茧纪念品等游戏环境。我园利用现有的蚕桑资源,如桑枝、茧子、拉棉工具、丝线等进行游戏环境的创设,同时结合幼儿的游戏需求,建立蚕桑资源收集站,利用家庭的力量收集游戏所需资源。如收集到了丝巾、丝绸衣服、丝绸布料、纪念品包装盒、手提袋等储备足够的资源。此外,为了支持幼儿游戏的不断深入,多渠道引进了蚕桑资源,如购买缫丝工具、蚕丝香皂工具、蚕桑糕点工具等;还邀请了有经验的奶奶演示抽丝剥茧流程;聘请了蚕桑园专家传授蚕茧工艺技术等。

图 4-6　雨辰制衣　　　　　　　图 4-7　雨辰线展

为充分发挥蚕桑资源不同的教育价值,我园将蚕桑资源进行整合,通过利用现有蚕桑资源、收集现成蚕桑资源和引进稀缺蚕桑资源的途径,将蚕桑资源相关的材料投放到不同的游戏环境中去,实现对蚕桑资源的有效利用。我园努力为幼儿创设蚕趣盎然的游戏环境,力求幼儿在蚕桑氛围浓厚的游戏中实践、操作和亲身体验,从而充分发挥基于蚕桑资源环境创设的教育作用。

3. 公共文化环境

公共文化环境不仅是重要的教育资源,同时也是重要的文化载体,它所承载和表现出来的文化形态可以有效促进幼儿的发展。我园致力于蚕桑资源的开发和利用,力求通过艺术文化、节日文化、饮食文化等方面,全方位、多渠道、多维度地凸显幼儿园的公共文化环境。

我园依托蚕桑艺术文化资源进行公共文化环境的创设,使每一个细微之处都散发出特有的蚕桑艺术文化气息。如运用本土艺术工艺制作而成的各种茧子手工艺品、茧花等,以它们生动形象、直观的形式传递着蚕桑艺术的文化信息,给幼儿以教育的启迪与艺术的陶冶。我园还将震泽蚕花节习俗融入公共文化环境的创设,以照片、视频等形式在公共电子屏上展示蚕花节节日文化的习俗;水乡婚礼、老街巡游、绕柴龙、蚕丝被制作等也会以图片、文字等形式展示我园历年来蚕花节的开幕式、蚕花节的流程及蚕花节的各项活动,使公共文化环境具有浓郁的节日文化氛围。此外,我园还将二十四节气和蚕宝宝卡通形象相结合,将办园理念、传统节日文化等具有文化内核的内容转换为彩绘的表达方式,构建显性的公共文化环境和隐性的公共文化氛围,如图4-8所示。

图4-8 二十四节气蚕宝宝

将蚕桑文化资源融入幼儿园公共文化环境创设,有利于引发幼儿的情感共鸣,给幼儿直接的刺激和潜移默化的影响,不同蚕桑文化氛围的公共文化环境可以给予孩子不同的心理暗示,帮助他们吸收多角度的文化。

(二)创设具有蚕桑文化氛围公共环境的具体策略

震泽是中国蚕丝之乡,纤细的蚕丝传承了震泽人祖祖辈辈的记忆,我镇数千年前便开始了栽桑、养蚕、剥棉、缫丝、织绸等传统技艺,从而形成了无地不桑、无家不蚕的蚕桑盛景。为了发挥蚕桑资源的价值,将其更好地融入幼儿园公共环境创设,我园以有效互动、动态调整、多方参与这三大具体策略展开了蚕桑资源融入幼儿园环境创设的深度探究。

1. 支持幼儿与公共环境的有效互动

互动性公共环境在理念上强调幼儿与环境发生互动,使其获得有益经验,强调幼儿与材料发生互动,从而激发幼儿想象、思考和操作等积极的探索欲望。我园在利用蚕桑资源进行公共环境创设时,首先明确了对公共环境本身的理解,公共环境创设不仅仅要美观,更关键的是在于让"环境会说话",能够与幼儿进行互动,成为幼儿发展的隐形教师。

按环境的性质划分,我园公共环境可以分为展示性区域和探究性区域。展示性区域主要以相关的蚕桑图片、可操作的蚕桑实物、与蚕桑相关的绘本、幼儿的蚕桑作品及大型蚕桑活动照片为主。如陈列一些与蚕桑相关的图片,桑树种类、蚕的种类、蚕的各个部分(蚕沙、蚕蜕、蚕蛹);蚕桑相关的绘本:《蚕的一生》《蚕的饲养手册》《全身都是宝》;幼儿的蚕桑活动作品,蚕宝宝手作、桑叶拓印画、茧艺手作等,如图4-9、图4-10所示。幼儿通过与展示性区域的互动,能够进行蚕桑经验的分享交流,从而更直观地了解蚕桑相关的知识。在探究性区域,我园围绕幼儿已有蚕桑经验创设多个蚕桑实习场,引导幼儿进行学习、交流、生活,让幼儿在与环境互动的过程中,获得蚕桑经验的生长,如图4-11所示。

图4-9 展示性墙面

图4-10 展示性墙面

图4-11 蚕桑实习场

值得注意的是，依托蚕桑资源进行公共环境创设时，教师不宜过于重视环境的外部表现。外部环境看起来十分美观，但是幼儿无法与之产生互动的话，这样的环境不仅会让幼儿产生审美疲劳，而且会失去环境创设的意义。其次，教师不宜过于强调自身的主观想法，以免公共环境出现成人化的现象。这样的环境创设，幼儿不会感受到环境带来的帮扶作用，这也会让教育的作用大打折扣。

2. 追随幼儿需要动态，调整公共环境

我园在基于蚕桑资源创设环境的过程中坚持做到追随幼儿的需要及时调整公共环境创设，将其称为动态性。动态性公共环境包括两层意思：一是指公共环境的创设要根据幼儿发展需要和蚕桑有益经验的获得不断调整和变化；二是指随着蚕桑主题活动的推进，要不断创新公共环境，为幼儿提供更多参与蚕桑活动、巩固和拓展蚕桑有益经验的机会。将蚕桑资源融入公共环境创设时，须考虑到环境的动态性，使幼儿在动态化的蚕桑环境中生发新的兴趣点，获得新发展。

为发挥环境育人的作用，我园创设了开放互动的"蚕韵"环境。起初根据幼儿的兴趣及经验，我园在"蚕桑特色廊"上创设了"蚕宝宝手工坊""蚕茧工艺坊""丝绸服饰馆""桑田手作"等蚕桑实习场。在蚕桑主题行进的过程中，幼儿对缫丝、拉棉非常感兴趣，于是又增设了"雨辰缫丝"游戏区，幼儿能在此体验茧—丝—棉的制作过程。在蚕桑活动中，制作了大量的蚕茧工艺品，随着时间的推移，蚕茧工艺品数量越积越多，幼儿决定要开一个商铺进行买卖游戏，于是"蚕茧纪念品商铺"也随之而来。由此可见，基于蚕桑资源的环境创设必须跟随幼儿的需求，动态性地调整公共环境的创设，才能够使幼儿在自我生发的模拟情境中获得蚕桑经验的生长。

需要提醒的是，基于蚕桑资源的幼儿园公共环境创设要具有变化性和生成性，不宜一成不变。既要随着幼儿生活经验的丰富、兴趣点的转移、蚕桑主题活动的推进而调整，也要随着同伴的互动而调整。幼儿只有与环境互为作用，才能不断促发幼儿蚕桑新经验的"生长"。而幼儿新经验的产生又促使着公共环境的新调整。

3. 形成多方参与，共同打造公共环境

多方参与是指幼儿、教师、家长共同合作参与。幼儿是环境的主人，参与创设公共环境应是幼儿的权利。此外，公共环境创设也离不开家长的参与。因此，我园遵循多方参与性原则，将蚕桑资源融入公共环境创设，形成多方合力，打造"蚕韵"公共环境。

首先，尊重幼儿环境创设的主体地位。在创设公共墙面时，教师"蹲下身来"倾听幼儿的想法，鼓励幼儿参与，把墙面变活，成为幼儿与课程互动的分享交流平台。公共墙面上，我园呈现了幼儿在蚕桑实习场活动的作品、照片、蚕花节计划及流程、活动中遇到的问题及解决办法等，真正使幼儿成为公共环境创设的主人，如图4-12所示。其次，在家长方面，家长是环境创设的支持者。我园充分发挥家长作用，引导家长带领幼儿感受蚕桑气息浓厚的太湖雪蚕桑文化园、蚕丝被加工厂、缫丝厂等，对当地蚕桑资源有初步的认识。在公共走廊上创设蚕桑资源收集站，鼓励家长和幼儿共同参与收集蚕桑资源，如图4-13所示。在开展震幼特色"蚕花节"的前期，家长与幼儿共同制作蚕桑亲子作品，如手工蚕宝宝、手工团扇、手工桑葚糕等，在蚕花节巡游队伍时给大家营造了浓浓的蚕花节节日气氛，从中感受和传承震泽古镇独有的蚕桑文化。

图 4-12　公共墙面

图 4-13　蚕桑资源收集站

可见，支持幼儿参与蚕桑公共环境的创设，能够有效地发挥其主体地位，使之更好地读懂环境，与环境发生"对话"。此外，引发家长参与蚕桑公

共环境创设,能够使其更新教育理念,认识到公共环境对于幼儿发展的重要意义,更好地成为幼儿园教育的理解者、支持者和合作者。

三、蚕桑资源融入班级环境创设

幼儿园班级环境是指在幼儿园的本班级中创设的,对幼儿身心发展产生影响的物质与精神要素的总和。幼儿园的班级环境内容主要包括教室内的墙面、活动室空间、空中的挂饰吊饰等,其中,班级中的墙面、挂饰、家园联系栏等作为一种隐性的课程环境,记录着幼儿与蚕桑活动的故事,展示着我园蚕桑资源课程化的过程,渲染了震泽古镇浓厚的蚕桑氛围,具有十分重要的意义。

(一)创设具有蚕桑文化氛围的班级环境

班级是幼儿在园生活中接触最为密集的空间,富含蚕桑文化的班级环境在班级空间内进行渗透,有助于促进幼儿与蚕桑文化的紧密接触。

1. 班级展示墙面

班级展示墙面是环境创设的一部分,也是呈现整体环境美的一种表现方式,它在幼儿教育环境中起着潜移默化的作用。班级墙面包括主题墙、家园联系栏、班级宣传栏、区角展示墙面等。对墙面进行科学、有针对性的创意设计,才能更好地发挥墙面的教育作用。

(1)主题墙

主题墙存在于班级环境中的展示墙面上,主题墙可以呈现主题开展的脉络、主题内容、幼儿学习轨迹等。我园教师根据班级幼儿的实际情况和感兴趣的蚕桑主题活动进行蚕桑资源课程化建设,以蚕桑活动过程的呈现创设主题墙。蚕桑主题墙的创设应是持续性的,应当体现幼儿与蚕桑主题墙的互动、班级环境与蚕桑活动的融合,也应当反映出幼儿参与蚕桑活动的痕迹。可见,蚕桑主题墙中的内容表现形式是多样的,与主题有关的经验调查,幼儿科学知识与能力的建构,幼儿的有效提问与联想,活动相关照片、图片,学习单、操作记录、谈话记录,美术作品、手工作品、亲子制作作品等均可呈现,主题墙的创设应注重遵循以幼儿为主的原则。主题墙"丝之乐"如图4-14所示。

第四章　基于蚕桑资源的幼儿园环境创设

图 4-14　主题墙"丝之乐"

在蚕桑资源主题活动下，大班的主题墙（如图 4-14）中呈现了一些知识说明（如丝的由来、缫丝工具）、活动过程中的问卷调查、设计图、幼儿规划与设计等。大班蚕桑资源主题下的主题墙以"丝之乐"开展，较侧重幼儿自主自发的蚕桑活动记录，过程脉络清晰可见。根据大班幼儿语言发展的特点，教师以调查表、记录表、设计图等形式来清晰地呈现"丝之乐"的主题脉络。

中班"蚕的一生"主题下的主题墙（如图 4-15）相较于大班较多呈现幼儿的活动照片、幼儿作品、较为简易的调查表，活动脉络则以"蚕宝宝的一生"延展。中班幼儿是以具体形象思维为主的，以活动照片、幼儿作品和简易调查表组合而成的主题墙创设更加符合他们的思维方式和生活经验。直观的图片、较为简易的能理解的符号，更能调动幼儿的已有经验，并且在观察这些表象时进行经验链接，产生更多与此经验相关的问题。

图 4-15 主题墙"蚕的一生"

小班以"桑树三宝"为主题（如图 4-15），主题墙涉及蚕桑的相关内容较中班和大班更为直观与具体，主题墙中板块内容更符合小班幼儿生活经验。多为幼儿活动的直接展示，如采摘桑果、桑叶的照片，桑果、桑树图示等。这样以图片居多的主题墙面更加符合小班幼儿具体形象思维的特点。小班幼儿对生动形象、色彩鲜艳的事物常展露出较强兴趣，因此，添设丰富多彩的蚕桑相关图片能从视觉上吸引幼儿的注意，使幼儿获得较直接的感知。在布置与操作上，由于小班幼儿精细动作发展尚不成熟，教师可选择一些简易、大块面粘贴的图片和实物让幼儿尝试布置。

图 4-16　主题墙"桑树三宝"

主题墙是幼儿园班级环境的重要组成部分。将桑树、蚕、丝等元素紧密地融入班级主题墙创设中,能引发幼儿与主题墙的互动行为,突显主题墙的教育作用。这样具有蚕桑文化氛围的主题墙,有助于幼儿及时了解蚕桑主题与蚕桑活动的开展进程,也有助于教师与家长了解幼儿在园的学习轨迹。

(2)家园联系栏、班级宣传栏

家园联系栏、班级活动宣传栏在家园合作中作为隐形沟通的桥梁,它们承载着家园有效沟通的重要作用。基于蚕桑资源课程化的建设,我园的家园联系栏也融入了蚕桑元素。如穿插了蚕桑资源、蚕桑文化历史、养蚕制丝的方法、需要家长配合收集蚕桑相关实物的专栏。因此,家园联系栏不仅让家长了解了幼儿在园的一日生活情况、保健知识与常见注意事项,还让家长了解了我园基于蚕桑资源课程化建设的宗旨,调动家长资源支持幼儿园的课程建设。

如图4-17所示,在创设班级家园联系栏时,教师利用蚕桑资源中的桑枝,将桑枝涂上颜色,配以幼儿制作的树叶,即起到了美化、装饰的作用。同时也直观地给家长营造了一种蚕桑视觉效果,让家长在阅读家园联系栏时感受到幼儿园的蚕桑氛围。

图4-17　家园联系栏

主题宣传栏是幼儿活动信息展示和宣传的一种有效途径,告知的对象可以是其他班的幼儿、教师,也可以是家长。宣传栏可以随着主题的变化更换内容。在蚕桑主题活动中，各个班级可以按照本班近期的活动进行创设。所以，主题宣传栏是宣传班集体活动的一种良好方式。宣传栏的创设有助于幼儿发展集体荣誉和自豪感，并以无声的方式向他人展示班级文化。

2. 班级挂饰、吊饰

班级的挂饰、吊饰是幼儿园班级环境的重要组成部分，它们的精细化设计是展示幼儿园文化、展现幼儿学习痕迹、传递幼儿教育理念的一个重要渠道。具有蚕桑文化氛围的班级环境中的挂饰、吊饰与幼儿的学习和生活如影随形，无形中感染着他们。随着蚕桑主题活动的深入开展，幼儿参与制作蚕桑手工作品的兴趣逐渐浓厚，班级环境中的吊饰、挂饰也随之丰富起来。

如图4-18所示的蚕宝宝吊饰，幼儿以白色KT板刻画出蚕宝宝造型，并在蚕宝宝的周围加入桑叶，形成一个蚕宝宝吃桑叶吊饰。图4-19与图4-20中，幼儿用蚕茧与随处可见的圆圈和柴龙进行有机组合，形成蚕宝宝上山结茧的不同样态。这样的吊饰不但形成了空间的小隔断，而且也起到了美化班级的作用，无声地渲染了班级的蚕桑氛围。

图4-18　蚕宝宝吊饰　　图4-19　茧子吊　　图4-20　茧子与柴

由此可见，班级挂饰、吊饰的有效创设在蚕桑资源课程化建设中十分重要。首先，满足幼儿审美的需要。具有蚕桑元素的挂饰、吊饰给幼儿的视觉上带来了美的冲击，既满足了他们的审美需要，也为幼儿营造了浓浓的蚕桑班级氛围。其次,唤醒幼儿经验。具有蚕桑元素的挂饰、吊饰不仅发挥了幼儿在蚕桑环境创设中的主体性地位,而且为幼儿营造了一个互动式的学习情境。这些挂饰、吊饰能够唤醒幼儿与之相关的学习记忆,这也许就是基于蚕桑资源进行挂饰、吊饰创设的魅力所在。

3. 班级柜面、隔断

蚕桑主题活动中,班级环境的创设还包括一些柜面与隔断的设计。班级的柜面、隔断不仅是幼儿呈现蚕桑作品的地方,还是同伴间蚕桑经验分享、交流之处。首先,创设柜面。如图4-21所示,在生活区柜面展示的是蚕一生中不同阶段的样态,并配以幼儿画的图示。这样的展示不但有助于幼儿了解蚕一生的变化过程,而且有助于幼儿进行养蚕经验的提升。其次,创设隔断。隔断的有效创设不仅能让区域之间的界限分明,还能够给予幼儿暗示的作用。如图4-22所示,以展示台的创设为例,教师在其上方采用了与蚕桑主题相关的桑叶、桑枝的有效组合进行悬挂与隔断。这样的隔断设计,不仅在空间上给幼儿区域功能的提示,还以蚕桑元素有效地渲染班级蚕桑的氛围。

图4-21 蚕龄展示

图4-22 桑叶悬挂隔断

由此可见,柜面、隔断在区域划分时起着隔断、遮挡、存放物品等功能。在创设每个区域时如能考虑到蚕桑实物的存放、蚕桑作品的展示、蚕桑文化的渲染等方面,就能发挥出柜面与隔断的最大价值。

4. 班级区角环境创设

为了营造蚕桑文化氛围的班级区角环境，教师应结合班级幼儿的学习与发展需求，考虑到班级区角空间的规划和班级区角墙面的布置。班级区角空间的规划直接影响着幼儿蚕桑游戏活动的质量。在班级区角环境创设中，可以充分引导幼儿参与墙面布置，如布置蚕桑区域标志、蚕桑作品展、蚕桑活动记录等。

（1）区角空间的优化

班级区角空间的优化主要是指区域面积、地理位置及区域联动等方面的改善。在区角设置的时候，教师首先要对蚕桑资源与本班教育资源进行全面了解，然后分析蚕桑资源区角与常规区角创设的比重，再思考班级区角的设置。以中班主题活动"蚕的一生"为例，蚕桑资源区角主要分布在科学区、自然角和美工区。基于此，教师与幼儿展开了讨论，主要是针对三个区角的分布与空间大小的把握做了一些调整，将美工区与科学区设置在相邻位置，幼儿在游戏活动时，交流合作变得更加紧密，还扩大了原本自然角中饲养蚕宝宝的区域，满足了多人观察饲养的诉求，以此来达到区角创设的最优化，如图 4-23 所示。

图 4-23 调整后的区域布局

（2）区角墙面的渗透

班级区角墙面创设要关注幼儿的兴趣，考虑幼儿的现有水平，幼儿才会主动关注墙面。因此，创设蚕桑文化氛围的班级区角墙面，需要将幼儿参与的蚕桑活动渗透其中,特别关注幼儿感兴趣的活动事件。例如在采摘桑葚的活动后,幼儿对于采摘桑葚的活动讨论热烈,教师抓住幼儿对采摘桑葚活动的兴趣浓厚这一点,在语言区内创设了一面采摘趣事墙,以照片的形式记录了幼儿采摘桑葚的过程,如图 4-24 所示。每当幼儿进入语言区,就会被这一面墙所吸引,看着墙面上的照片回忆与同伴采摘桑葚时的有趣事情,在分享中拉近了同伴间的关系,提高了自己的语言表达能力,也为"采摘趣事"绘画活动做了经验准备。

图 4-24 采摘趣事墙

又如大班美工区里幼儿对桑汁扎染活动产生了浓厚的兴趣,幼儿利用生活中的废旧材料制作了各式各样的桑汁扎染作品。教师有目的地将幼儿的桑汁扎染作品装饰成了一面可移动的扎染展示墙。这面可移动的展示墙不仅能让幼儿在欣赏自己佳作中获得成就感,还能让幼儿发现各种不同的扎染方法,为后续的创作提供了更大的可能性。

(二)创设具有蚕桑文化氛围班级环境的具体策略

班级是幼儿进行一日活动的主要场所,教师应该将创设具有蚕桑文化氛围的班级环境作为工作的重点。幼儿在与蚕桑文化氛围班级环境的相互作用中,自身的蚕桑知识与经验不断发展,逐步建构关于蚕桑的知识经验体系。

1. 主体性与自主性相映衬

创设具有蚕桑文化氛围的班级环境主要依赖于幼儿的想法和创造，教师在创设的过程中需要充分考虑幼儿的主体地位，抓住幼儿的兴趣点，倾听幼儿的想法。因为幼儿是班级环境创设的选择者、制作者与创造者。

在主题活动"蚕的一生"中，幼儿在饲养蚕宝宝的过程中喜欢以绘画表征的方式记录蚕宝宝的成长。教师抓住了这个教育契机，在班级自然角的墙面上创设了"蚕宝宝成长记"话题墙，幼儿每天以绘画、符号、简单的文字等方式记录自己的发现。在观察记录中感知蚕的变化，幼儿能够主动与同伴分享自己养蚕的发现与经历，在交流中提高解决问题的能力，收获了自主与自信，也收获了丰富的养蚕经验。这些独特的记录方式既体现了教师"以幼儿为本"的教育理念，又体现了幼儿自主参与的过程。

2. 教育性与艺术性相统一

教育环境能让幼儿感受到教育的氛围，一个美的、具有艺术性的环境更能发挥出它美育的作用，促进幼儿健全人格的形成。因此，教师在创设班级环境时，须考虑到环境的教育性和艺术性的统一。首先，颜色的选择。教师在创设时可多注意色彩搭配，多用一些暖色调，如黄色、粉色、橙色等，营造一种温馨的氛围。其次，蚕桑元素的介入。我园巧将一些蚕桑的实物、图案、蚕桑手工作品等融入环境，体现蚕桑资源的教育价值，有效地突显蚕桑的浓郁氛围。第三，与课程相呼应。班级环境的创设要突显蚕桑主题的教育性，发挥出蚕桑环境的隐性教育功能及艺术美感。

由此可见，创设班级环境时要将艺术性与教育性相统一，既要符合审美，又要符合蚕桑资源课程化建设的特点，让环境体现蚕桑资源课程化的建设进程，促进幼儿蚕桑关键经验的"生长"。

3. 整合性与多样性相贯通

根据《幼儿园教育指导纲要》精神，幼儿园为幼儿发展创造良好的条件时应考虑与家庭、社区密切合作，综合利用各种教育资源。因此，有效利用家庭与社区资源是创设具有蚕桑文化氛围班级环境的重要策略。

例如在主题活动"蚕的一生"中需要幼儿观察和饲养蚕宝宝，教师可以邀请家长在家和幼儿一同饲养，还可以邀请家长共同创设班级区角墙面,鼓励家长提供幼儿饲养蚕宝宝的照片与视频材料,收集饲养过程中遇到的问题与解决办法等。又如在建构蚕桑园的活动中,由于幼儿缺乏对蚕桑园的了解,所以我园与基地取得联系,并邀请家长带领幼儿去实地参观,记录蚕桑园的布局与建筑,将参观的照片、绘制的设计图布置在班级墙面上,为幼儿在班级建构区内建构蚕桑园做好经验准备,极大地提高了幼儿建构蚕桑园的水平。由此可见,家庭、社区蚕桑资源的整合利用,为幼儿的发展创设了良好的条件,让班级环境成为一种开放共享型的环境,变得更加丰富多元。

四、蚕桑资源融入户外环境创设

户外活动是幼儿整体教育活动的重要组成部分,活动时间长,内容广泛,可以促进幼儿多方面的发展,而户外环境的创设可以推动户外活动有效进行。基于这样的认识,我园尝试将蚕桑资源渗透于户外环境创设的探究。在探究蚕桑资源融于户外环境路径的同时,探究同一蚕桑资源一物多玩的开发策略,让幼儿与浓郁蚕桑氛围的户外环境相互作用,在多样化的户外游戏中感受蚕桑文化的多姿多彩,萌发热爱家乡的情感。

(一)创设具有蚕桑文化氛围的户外环境

环境是影响幼儿成长与性格形成的重要因素。而户外活动场地是幼儿园环境的重要组成部分,教师应当学会将各种有效资源运用于幼儿园户外环境创设,促进幼儿的全面发展。因此,我园将蚕桑资源融于户外环境,创设多样化的户外游戏场,以满足幼儿开展游戏的需要。户外蚕桑环境的创设,不仅为幼儿的成长创造良好的生活环境,还能让幼儿进一步加深对蚕桑资源的认识,激发幼儿对蚕桑文化的热爱。同时,整个过程幼儿切实参与,在一定程度上也发展了幼儿的主人翁意识和合作精神。基于这样的认识,以下就户外的体育性游戏场、社会性游戏场和体验性游戏场三方面来阐述蚕桑资源在我园户外环境中的运用。

1. 户外体育性游戏场

户外体育性游戏场,顾名思义,是指幼儿在户外进行各种体锻活动,促进动作能力发展和提升身体素质的场所。在蚕桑资源的开发和利用下,教师巧妙地创设了符合不同年龄段幼儿特点的体育游戏场地,以满足幼儿需要。如小班幼儿的体育游戏"摘茧子"和"运茧子",教师利用户外跑道的场地,提供桑果、茧子、柴龙、篮筐等材料,幼儿可以用自己的方式摘取柴龙上的茧子,然后用篮筐搬运至目的地,如图4-25所示;中班体育游戏"小蚕宝挑战赛",幼儿需要运用各种身体动作,跨越不同的障碍物,抵达桑树林,因此,我园将游戏场地设置在有山坡、沙水池的地方,方便幼儿练习攀爬、跨越等身体动作;大班体育游戏"蚕网抛接球",将蚕网、蚕花当作工具,幼儿练习抛接球,发展幼儿的肌肉力量与身体协调性。由于需要进行分散练习,所以运用操场来作为它的游戏场,保证空间的宽阔。

运用蚕桑资源创设不同的体育游戏场地,不仅在户外环境中渗透了浓浓的蚕桑氛围,体现了我园户外环境中的蚕桑特色,还拓展了体育游戏的多样化,让幼儿在快乐的体育游戏中发展良好的运动能力。

图4-25 摘茧子

2. 户外美术性游戏场

《3～6岁儿童学习与发展指南》中提出,幼儿艺术领域学习的关键在于充分创造条件和机会,教师要在大自然和社会文化生活中萌发幼儿对美的感受与体验,丰富他们的想象力和创造力。因此,幼儿园应充分利用园所文化与自然资源,创造机会与条件支持幼儿的艺术表现活动。结合《3～6岁儿童学习与发展指南》,我园开设了户外美术性游戏场让幼儿进行感受、欣赏和创造美术活动。比如桑园,天气晴朗时,教师会组织幼儿来到桑园进行户外写生活动。幼儿拿着小小画板与画笔,身临其境地感受桑树林的环境,近距离地描绘美丽的桑园,体验桑树的魅力,如图4-26所示;还有户外美术创意区,教师为幼儿提供丝绸、桑枝、桑叶,以及各色颜料和美术工具,幼儿在这里大胆地发挥自己的想象,自由地进行创作,进行桑叶拓印、丝绸扎染、装饰桑枝……他们彼此间交流着自己的想法,展示自己的美术成果。

图4-26　桑园写生

户外体美术性游戏场不仅装点了幼儿园的户外环境,给予幼儿与蚕桑密切接触的机会,还满足了幼儿以直接经验为基础的学习特点,通过感知、体验、创造,体验到了蚕桑资源的丰富多彩,萌发热爱家乡的情感。

3.户外社会性游戏场

幼儿社会性游戏,也就是与其他幼儿共同参与、相互交流的游戏,随着幼儿年龄的增长和经验的累积,他们的社会性游戏会愈加丰富。社会性游戏的开展更依赖于游戏环境的创设。那么,如何基于蚕桑资源创设合适的、满足幼儿发展需要的社会性游戏场地呢?我园开辟了独具特色的户外社会性游戏场地,将蚕桑资源融入幼儿的社会性游戏中。比如"蚕花节小舞台",整个舞台布置充满浓厚的蚕桑氛围,幼儿可以在舞台上表演各种丰富多彩的活动,如"绕柴龙""抽丝"比赛等游戏,他们扮演着小小蚕娘,相互合作,一起感知抽丝剥茧的过程。游戏"丝巾拍卖会"是在了解丝巾的种类和特性之后,按照丝巾的种类进行展示与买卖;另外,我园设置了专门的野餐区,有烧烤架、调料、蚕蛹等材料,幼儿可以进行"美味烧烤"的游戏,分配角色,相互分工,制作香香的蚕蛹;还有户外桑树林,每年春季的植树节,教师会带领幼儿通过栽种、移植桑树,让幼儿感知体验桑叶的成长与变化,如图4-27所示。待到桑树成熟,教师带领幼儿进行桑园采摘,并将采摘下来的桑果再运送到旁边的小农场,进行美食制作,如桑葚汁、桑葚糕点等,如图4-28所示,幼儿自己动手制作出美食,别有一番成就感。

图4-27 栽种桑树　　　　　　图4-28 做桑葚汁

这样具有蚕桑特色的户外社会性游戏场,不仅进一步加深了幼儿对蚕桑资源的认识,使其感受到了蚕桑资源的魅力,还满足了幼儿社会性发展的需要,极大限度地促进了幼儿自主性的发展。

(二)创设具有蚕桑氛围户外环境的具体策略

环境是载体,幼儿是主体,环境是为幼儿的教育所服务的,如何将蚕桑资源有效融于幼儿园户外环境,发挥其独特的教育价值是值得思考的问题。好的教育环境一定能与幼儿相互作用,从而促进不同年龄段幼儿多方面能力的发展。基于这样的认识,我园主要从场地规划、蚕桑材料提供和幼儿参与活动这三方面着手,创设具有蚕桑氛围的户外环境。

1. 合理规划户外蚕桑活动场地

合理有效地规划好户外场地有利于幼儿更好地开展蚕桑户外活动,激发幼儿对蚕桑相关问题的探索欲望。新园异地搬迁,户外活动场地面积大大增加,经过前期规划,我园将户外划分成沙水区、野战区、平衡区、综合活动区、小农场等区域。随着蚕桑主题活动的推进,我园将幼儿的学习场开始向户外拓展,让幼儿在多样化的场地中自由探索,感知体验蚕桑文化。如在靠近小农场的位置,我园种植了一片桑树林,为幼儿提供采摘、桑园写生等户外活动的机会;在活动区较为宽阔的地面与墙面处,我园开辟了涂鸦区,为幼儿后期的丝巾扎染与桑叶拓印提供场地。可见,合理规划户外蚕桑活动场地,不仅能够有效拓展室内蚕桑活动的阵地,而且能够丰富幼儿蚕桑活动的内容。

2. 提供户外蚕桑活动多元材料

材料在幼儿游戏中是非常重要的,材料推进了幼儿游戏的持续进行,幼儿在与各种材料的有效互动中获得发展。因此,我园将蚕桑资源与幼儿的户外游戏相结合,以提供多元化的蚕桑材料来推进户外游戏环境的创设。在户外的涂鸦区,教师结合幼儿的年龄特点提供不同的蚕桑材料。小班幼儿由于操作能力相对较弱,可提供结构化相对较高的材料,如白色蚕茧或桑枝,让他们进行添画与涂色即可;对于中班的幼儿,教师可适当提供可再创造的半成品材料,如桑叶、颜料、颜料刷等,激发幼儿创作的欲望;到了大班,教师可以提供一些成品或者建构材料以进一步激发幼儿的想象力,比如可以提供一些不同种类的丝制品、皮筋、圆筒、刷子、扎染颜料等,激发幼儿再创作的意愿。由此可见,户外蚕桑活动中材料的提供可以根据幼儿的年龄特点、材料的特性及对幼儿再创作的引发等方面进行考虑,以此来投放多元化、多层次、多维度的操作材料,让户外蚕桑活动变得立体化。

3. 激发幼儿参与蚕桑活动兴趣

随着省课程游戏化的大力推进,我园对于环境创设的理念有所改变,不能用单一的形式固化幼儿活动的环境,而是要激发幼儿对蚕桑活动的兴趣,以幼儿的丰富活动助推环境的创设。以桑园为例,中班幼儿在教师带领下,分小组进行桑园写生活动。可是,由于活动前些天下雨,地面出现了积水和打滑的现象,以至于个别幼儿无法选择自己喜欢的桑树进行写生。当时就有幼儿提出了要为桑园铺路的大胆想法。正是幼儿对于现实问题的思考,引发了后期的桑园铺路活动。为此,教师还和幼儿一起规划了桑园路线图，收集了沙石、砖头、木块等铺路所需的材料。由此可见，幼儿不仅可以在这样的环境中感受到浓厚的蚕桑氛围，也能通过自主探索与学习，在与桑树林的亲密接触中逐步丰盈周围的环境，从而萌发对家乡蚕桑资源的热爱之情。

　　我园的每一处角落都透露着蚕桑文化的底蕴与气息。所以，无论幼儿以后身处何处，只要想起震泽幼儿园，就会是其的情感依托与精神归属。对幼儿来说，基于蚕桑资源的幼儿园环境为他们提供了更宽阔的场所和多样化的资源，幼儿能够在这样的环境中自主发挥、自由想象，从而获得身心的全面发展，进一步激发对蚕桑文化的兴趣和爱家乡的情感。同时，这样丰富且有趣的幼儿园环境也拉进了师幼距离，教师可以更好地倾听幼儿的声音，了解幼儿的想法，让师生关系得到有效升华。

第五章 基于蚕桑资源生活活动的探索与实践

生活活动主要包括来园、餐点、午睡、盥洗、散步、离园等环节的活动。基于蚕桑资源生活活动的探索主要是以蚕桑资源为载体的,将其与幼儿园一日活动的各个环节融通,把幼儿的生活实践和幼儿教育结合起来,让幼儿在实践活动中了解养蚕知识,从而提高他们的蚕桑文化素养。

一、蚕桑资源在生活活动中的价值

震泽古镇的蚕桑文化极大地丰富了古镇人们的生活,它涉及节日庆典、传统艺术、科学探索、繁育养殖、文明礼仪等方面。因此,蚕桑与幼儿的生活息息相关,起到不可忽视的重要作用。如桑叶可以用来泡茶;桑枝、桑皮可以用来制作新型木地板和高档印刷纸;桑葚可以变成好吃的桑葚糕和桑葚果酱;蚕蛹既可以让人食用,又具有一定的药用价值;把收集的蚕沙晒干后放在枕芯里有凉爽明目的作用。这些都是蚕桑资源的价值体现。我园充分利用蚕桑资源,将社会、幼儿园、家庭融为一体,开展多元、科学、互动的幼儿园生活活动,使幼儿生活与教育相互结合,积累幼儿的生活经验。

(一)蚕桑资源与幼儿生活融通,丰富幼儿蚕桑经验

蚕桑文化源远流长,是震泽古镇幼儿生活不可或缺的一部分。但是,由于现代化经济的发展,蚕桑资源在幼儿生活中似乎又很遥远。为了能够让

幼儿接受蚕桑文化的熏陶，我园在蚕桑主题活动的开展下，将蚕桑资源与幼儿的生活进行融合，在活动中丰富幼儿的蚕桑经验，让他们深度感受蚕桑文化的魅力。

我园将养蚕投入幼儿生活活动的各个环节之中。早上来园，幼儿第一件事情就是去观察蚕宝宝，为蚕宝宝清理粪便、喂桑叶。在一次中午散步时，幼儿路过桑树园发现了桑叶，并对桑叶产生了兴趣，教师便引导幼儿去观察桑叶的特点，帮助幼儿准确区分老叶和嫩叶，为不同时期的蚕宝宝喂养做好充分的准备工作。离园时，为了有效地处理早晨清理出来的蚕沙，教师通过故事绘本、图片和视频的形式给幼儿讲解蚕沙的多种用途，丰富幼儿蚕沙的相关认知，为后期蚕沙资源的合理开发做好知识储备。由此可见，蚕桑资源和幼儿的生活已经真正做到了融通。蚕桑资源与幼儿生活活动的融通，不仅可以让幼儿了解一些养蚕的基本知识，丰富幼儿关于蚕桑方面的经验，还可以让幼儿感受家乡的蚕桑文化，萌发幼儿爱护蚕的意识，激发幼儿的家乡自豪感。

（二）蚕桑资源与幼儿生活融合，培养幼儿生活能力

教育的最终目的是让幼儿能够学会生活，那么，生活能力的培养就是其中一个重要方面。蚕桑文化中蕴含了不同的传统生活技艺，在养蚕的过程中会涉及许多工具的使用，在其中就蕴含了传统生活技艺。我园将蚕桑资源与生活进行融合，让幼儿通过实践操作，领会采桑、护蚕的乐趣，发展自身的生活能力。如在养蚕过程中，让幼儿及时清理蚕宝宝生活的地方；一起合作设计制作蚕宝宝结茧用的方格和上山的柴龙；幼儿还可以在蚕桑实习场中亲身体验抽丝剥茧、扎染拓印、缫丝、蚕茧花等蚕茧蚕丝手工艺品的制作。桑树的桑葚和桑叶也有很高的价值，可以制作成不同类型的食品，在我园的"美食一条街"中，幼儿可以体验制作桑葚糕、桑葚果酱、桑叶茶等食物。由此可见，基于蚕桑资源的生活活动的开展，旨在让幼儿以感知、体验与操作的方式去感受家乡的蚕桑文化，体验蚕桑文化的魅力的同时，丰富蚕桑文化传统技艺，发展幼儿的生活能力。

（三）蚕桑资源与活动链接，激发幼儿探究欲望

我园基于蚕桑资源课程化的建设，其实就是蚕桑资源与蚕桑活动链接的过程。关键是在完成从资源到活动的过程中，教师要注意取舍，关注幼儿的年龄特点和学习方式。只有真正做到以上几点，才能有效激发幼儿在蚕桑活动中的探究欲望。在喂养蚕宝宝的活动过程中，幼儿发现有的蚕宝宝一动不动，喂它桑叶也没有反应，"这是怎么了？难道是蚕宝宝死了吗？"面对幼儿提出的质疑，教师没有直接给出答案，而是将蚕桑资源引发的具体问题向蚕桑活动进行转化，以此来激发幼儿进一步探究的欲望。为此，教师组织幼儿集体讨论，请求家长一起收集资料、参观蚕桑园的养殖大棚、请教专业养蚕技术人员，让幼儿明白原来蚕宝宝的成长过程中需要睡觉，就像人类一样，每一次睡觉之后就会长大。由此可见，在蚕桑活动的开展中，教师要鼓励幼儿自主观察，对于出现的问题不直接给出答案，而是为幼儿提供支架，激发幼儿探索活动的欲望和学习知识的兴趣，这样的蚕桑活动才能够发展幼儿良好的个性品质。

二、蚕桑资源融入幼儿生活活动的原则

为了发挥蚕桑资源在幼儿生活活动中的作用，教师必须遵循一定的原则来精心设计幼儿的生活活动。下面结合幼儿生活活动的一些实际，简要论述我园将蚕桑资源融入幼儿生活活动所运用的原则。

（一）渗透性原则

将蚕桑资源渗透于幼儿的生活活动中，让幼儿更加贴近生活，激发幼儿的参与兴趣。蚕桑活动有着收放自如、自我调控的特点，所以，我园将蚕桑资源有目的、有计划地渗透于幼儿园的生活环节中，力求起到以点带面、画龙点睛的效果。

1. 将蚕桑资源渗透于晨谈活动

晨谈活动是生活活动中不可替代的环节，在晨谈活动中，教师合理运用蚕桑资源，让幼儿建立蚕桑资源与学习、生活及游戏的联系，丰富幼儿生活活动的内容，实现幼儿园教育的延伸。如利用每日的晨谈时间，教师可以组织幼儿在晨谈活动中读一些关于蚕桑的绘本、念一些关于蚕桑的儿歌丰

富幼儿关于蚕桑的经验,使其了解蚕桑文化。同时,在晨谈活动中还可以通过与家长进行交流,让家长了解班级最近开展的蚕桑活动,为后期蚕桑材料的收集奠定基础。由此可见,基于蚕桑资源的晨谈活动不仅是为幼儿开启生活、学习和游戏的好时机,能够帮助幼儿后期蚕桑活动的开展做好经验的铺垫;还是对前期蚕桑活动问题的反馈与总结,能够帮助幼儿厘清解决问题方法的思路。基于蚕桑资源的晨谈活动还可以是家园合作的有效途径,让家长看到幼儿的学习过程,并给予支持和帮助。

2. 将蚕桑资源渗透于过渡环节

过渡环节包括入园餐前、活动、离园过渡,是幼儿园生活活动各个环节的衔接,但是在过渡环节当中幼儿有很大的自主性和灵活性,因此会导致部分幼儿无所适从。于是,我园开展了基于蚕桑资源过渡环节的实践探索,根据时间的长短将幼儿一日活动的过渡环节划分为小过渡和大过渡两种不同的类型。

(1)"小过渡"环节

"小过渡"是指受限空间比较大,而时间相对比较短的一个过渡环节。在这一时间段的特点是,教师基本上忙着准备下一个活动的内容或照顾幼儿盥洗,不易兼顾到每一个幼儿。所以,基于蚕桑资源的渗透,教师可以组织幼儿利用这段时间开展视频类、语音类的蚕桑游戏,如播放蚕宝宝系列绘本《蚕桑剧场》《蚕的一生》视频等。这类蚕桑视听类游戏短小、有趣,能够吸引幼儿的注意力。而且游戏动静相宜,适宜在室内开展,也不需要过多的游戏材料,可以随开随停。

(2)"大过渡"环节

"大过渡"是指集体活动间隙、餐前餐后、午睡起床后等这些时间段,是跨度大、空间限制大,参与人员不定的过渡环节。幼儿用餐、起床等速度有快有慢,因此这个时间段比较适宜开展一些以小组为单位且比较安静的游戏。如幼儿可以选择自己喜欢的方式一起玩茧花、数茧的游戏,也可以选择玩饲养蚕宝宝的相关游戏,如"清沙""喂桑""剪桑"等活动。吃饭快的幼儿可以先去找一个空位,准备好蚕桑游戏材料,边玩边等游戏伙伴。这样既能缩短幼儿之间用餐速度差异而形成的等待时间,又能培养幼儿良好的用餐习惯。在餐后散步的时间段内可以开展"大带小"的活动,请大班的幼儿来小班和中班一起玩蚕桑实习场的游戏,如"剥棉""抽丝""拉蚕丝被"等蚕桑游戏,以大带小的形式将蚕桑游戏经验进行传递和互补。从幼儿的角度来说,基于蚕桑资源的大过渡环节既能够满足幼儿身心活动的需要,又是发展幼儿自主管理和选择能力的重要环节,同样也是幼儿稳定、有序开展生活活动的必要组成部分。从教师的角度而言,基于蚕桑资源的大过渡环节既能提高自身常规教育的能力,又能减少工作量。

3. 将蚕桑资源渗透于户外活动

幼儿的户外活动是幼儿园生活活动中的重要组成部分,对幼儿的身心健康及社会性发展起着重要的促进作用。根据活动结构化程度的高低,通常分为有目的、有计划组织的体育教学活动和户外自主性活动。基于蚕桑资源的户外活动,既可以丰富幼儿户外活动的方式,又能让幼儿更好地了解蚕桑文化,受到蚕桑文化的滋养。

(1) 户外体育教学活动的渗透

户外体育教学活动具有很大的自由度和趣味性,有利于发挥幼儿的自主能力和创造能力。教师把蚕桑资源与户外活动区的游戏进行有效结合,并根据小、中、大幼儿的年龄特点对原来游戏进行改编和创新。在小班蚕桑主题"桑树三宝"下,教师设计了"运货忙"的体育活动,创设了摘桑果、运桑葚等游戏情境。在中班蚕桑主题"蚕的一生"下,教师设计了"爬爬乐"的活动,让幼儿通过模拟蚕宝宝不同的爬行姿势完成一定的任务,达到锻炼身体的目的。在大班蚕桑主题"丝之乐"下,教师设计了"丝绸之路""蚕网抛球"等游戏来发展幼儿大肌肉的能力。可见,基于蚕桑资源渗透的体育教学活动,既丰富了户外体育教学活动的方式,促进了幼儿基本动作与身体机能的发展,增强了他们的身体素质,又让幼儿深度体验了蚕桑文化的精髓。

(2) 户外自主性活动的渗透

户外自主性游戏给予幼儿自由选择游戏的权利,基于蚕桑资源的户外自主性活动,教师可以更深入地观察了解幼儿,最大可能地挖掘幼儿的潜能。为幼儿的户外自主性活动创造条件,从而让幼儿主动学习、发展、内化,成为学习的小主人。[①]在我园的桑树园里,教师为幼儿提供了铲子、铁耙、镰刀、剪刀、水桶等种植和修剪工具,目的就在于让幼儿能够自主选择喜欢的工具开展种植、树枝修剪、除草等活动,甚至还能够依托这些材料进行其他的蚕桑自主性活动。在"服务驿站"中,教师还为提供了丝绸、方巾、桑葚汁、颜料等,让幼儿根据自己的喜好选择相应的材料开展活动。由此可见,基于蚕桑资源的户外自主性活动,可以丰富原户外活动的内容和形式,让游戏变得更加情景化、真实化。同时,它又与蚕桑主题活动相呼应,使游戏场的活动更加本土化和园本化。基于蚕桑资源户外自主性活动的有效开展,让幼儿以感知、体验和操作的方式获得经验的补充和生长,拉近了幼儿与蚕桑文化的距离。

(二)趣味性原则

游戏是幼儿学习的主要方式,而趣味性是幼儿游戏最重要的属性。趣味性游戏可以激发幼儿的兴趣,从而促进他们积极参与并主动认知。幼儿园的生活活动不是简单地让幼儿去玩,更多的是用游戏的方式让幼儿去学习,体现了"玩中学"的教育理念。因此,蚕桑资源融入幼儿生活活动时要遵循趣味性原则,充分利用蚕桑资源开展有蚕桑特色的趣味游戏,让幼儿在游戏的过程中感受到快乐,不断激发幼儿探索活动的兴趣。

1. 晨谈活动的趣味性

晨间谈话活动的组织方式是多样的,教师要选择幼儿感兴趣的事情为主要话题,要充分发挥幼儿参与的主动性,要让幼儿有话想说、有话可说才能确保幼儿在晨谈活动中兴趣盎然。幼儿的生活经验和感兴趣的内容会受到不同年龄阶段的影响,教师可以根据各年级的主题活动和幼儿感兴趣事件开展不同类型的晨谈活动。如春天来了,教师结合幼儿的兴趣开展了的"蚕的一生"主题活动,有些幼儿在家里也饲养了一些蚕宝宝,

---

[①]王先菊,贾丽莎. 有效开展幼儿自主性游戏的策略[J]. 读写算,2019,(11):39.

便提议把家里的蚕宝宝带到幼儿园里来饲养。自从幼儿带来蚕宝宝后,他们每天都会非常认真地关注这些小蚕宝,在晨谈活动时幼儿便开始讨论问题:"小蚕宝怎么是黑黑的啊?""蚕宝宝爱吃什么食物?""蚕宝宝会变成什么?"……为此教师开展了"新闻播报"的晨间游戏活动,以幼儿学号为轮回,每天由一名幼儿搜集养蚕过程中的问题和相关资料,第二天早晨对同伴进行播报,让大家进行讨论并解决问题。通过这种游戏形式,不仅让班级里的每位幼儿在趣味的游戏中得到了锻炼,而且在与同伴的谈话中解决了自己的问题,更加深入了解蚕宝宝外形特征和生活习性,实现了蚕桑主题活动的延伸。趣味性晨间谈话活动,是教师在仔细观察幼儿的基础上抓住幼儿的兴趣开展的活动,这样的活动既能激发幼儿参与晨谈活动的兴趣,又利于幼儿对问题的深入探究,从而促进幼儿生活认知、生活技能和生活能力的形成和发展。

2. 过渡环节的趣味性

趣味性是指活动符合幼儿的兴趣,能激发幼儿的兴趣并将其引入学习,这样的学习具有专注性、持久性和持续性的特点。教师在过渡环节中增加了幼儿喂养、清理、观察等活动,增加了趣味性的同时能让幼儿在宽松的环境中学习和游戏,给幼儿提供充分的心理空间。可见,蚕桑资源的有效介入,既可以丰富幼儿的过渡环节,又可以避免消极等待的现象出现。如按照原来的过渡环节教师会组织幼儿进行手指游戏活动,但幼儿在游戏的过程中却出现了打闹、甚至一动不动自我发呆等现象。针对以上现象,教师开展了基于蚕桑资源的过渡环节,并以趣味性为指导原则开展活动。教师将喂养蚕宝宝、帮蚕宝宝清理蚕沙、观察蚕宝宝的生长变化等活动放入过渡环节。特别是将一些需要长时间进行观察的细节,以过渡环节碎片式的时间留给幼儿,这样前后的变化比较明显。如蚕宝宝多久才能吃掉一片桑叶,多久拉一次大便等。通过对几个过渡环节的细致观察记录,幼儿就会有许多新的发现。蚕桑活动的巧妙融入,既丰富了幼儿的过渡环节,减少等待现象,让幼儿情绪稳定下来,又增加了幼儿对蚕桑活动的兴趣,以其兴趣点为主线持久性地进行探究。可见,趣味性的过渡环节,不仅实现了幼儿生活活动的延伸,而且推动了蚕桑主题生成活动的发展。

3. 户外活动的趣味性

有趣的户外体育活动的开展,对于幼儿的健康体魄和良好性格的形成具有重大意义。可是,目前幼儿园户外活动出现了材料单一化、内容概念化、程序大众化等现象,这样的户外活动没有真正起到促进幼儿发展的作用。为了克服以上现象,我园尝试开展基于蚕桑资源的户外活动探索,将活动的趣味性原则贯穿始终。

对于单一的体育游戏,其长时间的重复会让幼儿失去兴趣,如果创设情境并让幼儿带着任务去游戏,那么幼儿的游戏会更加地生动和有趣。教师在游戏中引入蚕桑的元素,创设有趣的情节,调动幼儿主动参与活动的积极性,激发幼儿探究活动的兴趣,让他们获得愉快的情感体验。如在"运货忙"的游戏中,原本设计是让幼儿用小车绕过障碍物运货物,非常单调,幼儿也都不感兴趣,只是无目的地来回去运送货物。因此,教师把蚕桑资源融入进来,把这一游戏改成"帮蚕宝宝运桑叶",游戏立即就丰富许多。在游戏情境中带着任务去游戏,幼儿会更加感兴趣。在体育游戏中融入情境,既可以激发幼儿自主学习的兴趣,也提升了幼儿的多种能力。再如"我是蚕宝宝"的游戏,主要让幼儿用身体动作模拟蚕宝宝的爬行方式,在户外活动中增加了有趣的游戏,既达到了让幼儿在学中玩、玩中学的目的,又达到了增强幼儿身体素质、促进幼儿动作能力发展的目的。

在户外自主性游戏中,对于不同年龄段的幼儿,教师可以利用蚕桑资源开展不同形式的自主性游戏。蚕桑资源中桑叶、桑果、桑枝、蚕茧、丝巾等都是低结构材料。幼儿可以用这些低结构材料自己创意组合,开展趣味性的游戏。如幼儿可以利用桑叶进行桑叶拓印画、利用桑枝进行创意涂鸦、利用蚕茧制作手工艺品等。再如在星光剧场,幼儿也可以利用低结构材料自己讨论设计蚕花节的舞台,设计节目流程,最后进行服装秀。因此,教师要把活动的自主权给予幼儿,让幼儿追随自己的兴趣进行户外趣味性蚕桑游戏,在活动中利用蚕桑资源对游戏进行改编和创编,创设真实的游戏情境,以此达到增加户外活动的趣味性。

(三) 发展性原则

所谓发展性是指通过活动的实施,幼儿的经验、能力、品质等方面都能够在原有的基础上得以提升。所以，教师要遵循发展性原则设计相应的蚕桑资源生活活动，让幼儿在与蚕桑资源互动的过程中，通过体验、操作实践等方式获得经验的"生长"，从而获得全方位的发展。

1. 晨谈活动，经验提升

符合幼儿各年龄阶段发展目标的蚕桑主题晨谈活动，可以解决幼儿在活动过程中遇到的一些问题。在晨谈活动中，幼儿是活动的主体，教师主张让幼儿发表自己的看法，让幼儿在相互交流、讨论和分享中提升自身的经验，在原有基础上获得新的发展。如在大班蚕桑主题活动"茧之乐"中，教师开展了茧子抽丝的活动。抽丝是传统民间工艺，是蚕桑文化的形象符号，幼儿虽然都很感兴趣，但都缺乏相关的经验，对抽丝的具体步骤不是很了解。因此，教师在蚕桑特色的晨谈中，幼儿以个人或者小组为单位进行讨论。教师首先让幼儿提出了在抽丝活动中遇到的问题，每个人都能表达自己想法和观点。讨论过后，请一位代表发言，最终通过讨论和表决形成解决问题的方案。这样的晨谈活动既可以充分发挥同伴互相学习的力量，也让同伴在讨论与分享中碰撞出火花，懂得合作的重要性。通过这些晨谈活动的实施，我园将蚕桑资源课程化的建设真正落到了实处。让蚕桑主题活动的实施跳出了原有固定的模式，改变了以往只能通过大块面活动推进的方式，尝试与碎片化的时间进行有效结合，实现蚕桑主题活动延伸的同时，将生活活动的教育价值发挥到最大化。

2. 过渡环节，情感升华

在过渡环节中，教师可以利用晨谈、午餐、离园等环节的等待时间让幼儿进行养蚕经验的分享，这样做既减少了幼儿等待时间的消极情绪，又能提高幼儿的语言表达能力，增进其对家乡蚕桑文化的热爱之情。在餐前活动，教师把饲养蚕宝宝的过程拍下来剪辑成完整的视频给幼儿播放，让幼儿在观看的过程中回顾自己饲养蚕宝宝的全过程，幼儿发现有的蚕宝宝能够成功上山结茧，而有的蚕宝宝则死亡。针对饲养过程中蚕宝宝死亡的现象，教师组织幼儿展开激烈的讨论，猜测了多种蚕宝宝死亡的原因。在达成共识的情况下，教师和幼儿一起重新制定饲养计划，并在下一轮的饲养中进行验证。由此可见，这样的过渡环节的设计，可以提高幼儿饲养蚕宝宝的成功率,减少蚕宝宝的伤亡,不但让幼儿感受到辛苦劳作后的成就感,而且让幼儿对生命产生了敬畏之情。

3. 户外锻炼,体能提高

对幼儿而言,户外活动既要能满足其身心发展的需求和兴趣,又要富有学习的机会。为最大化发挥幼儿户外游戏的价值,教师必须提供适宜的户外游戏空间和丰富的环境刺激,创设高效的户外环境。因此,要重视户外空间的规划和设计,既要保证幼儿的安全和健康,又要有复杂、丰富、有趣的户外活动区设计,为不同年龄阶段的幼儿提供主动学习和社会交往的机会。而且在幼儿游戏的同时,教师应该在旁仔细地对游戏过程中的各种"意外"进行观察、记录,并进行专业评估,捕捉黄金时机给予幼儿适当的引导和教育。在我园基于蚕桑资源的户外活动中,教师可以适当增加蚕桑材料的数量和品种,提高体能锻炼的难度,增加情境性的游戏环节,让幼儿身临其境地感受采桑叶、运桑叶、卖桑叶等一系列户外的活动。如在"我是蚕宝宝"的游戏中,教师创设了蚕宝宝采摘桑叶的游戏情境。活动中,幼儿每人拿一个布袋,在布袋中扭动,模仿蚕宝宝爬行的动作,并避让障碍物采摘到足够数量的桑叶,然后通过骑行的方式将桑叶一起运送到收集站。在游戏过程中,幼儿主要学习双手肘着地扭动身体用力爬行的动作,在爬行中要抓紧袋口不让其掉下来,并发挥自己的想象探索布袋的多种玩法。此项活动将幼儿的爬、骑、行融入采桑叶的游戏情境当中,既增加了活动的趣味性,又培养了幼儿克服困难的坚强意志。

综上所述,蚕桑资源与幼儿生活活动的有效融合,不仅是本园蚕桑资源课程化建设的实施路径,更是蚕桑资源得到最大化开发的效果。在蚕桑资源与生活活动融合的过程中,教师要紧紧围绕蚕桑主题活动,遵循渗透性原则,发挥其对幼儿潜移默化的影响;教师还要遵循趣味性原则,尊重幼儿的年龄特征,激发幼儿参与蚕桑生活活动的兴趣,让蚕桑资源在幼儿生活活动中绚丽绽放,让幼儿获得蚕桑经验的"生长"。

三、蚕桑资源融入幼儿生活活动的实例

将蚕桑资源融入幼儿餐前活动、生活区活动、户外活动等生活活动的

环节中,充分发挥每个环节在幼儿的生命成长中独特的教育功能,充实了幼儿的日常活动,这对幼儿发展具有非常重大的意义。我园基于蚕桑资源的生活活动实践探索已经有了许多成功的案例,现主要截取几个典型案例进行详细的介绍,供大家参考。

(一) 餐前活动

幼儿的餐前活动是一个重要的过渡环节,有效地利用这个过渡环节,不仅能稳定幼儿的情绪,为后面的午餐环节做好充分的准备工作,还能落实基于蚕桑资源生活活动的实施,推进蚕桑资源课程化的建设。在进餐的过程中,教师发现还是会有很多问题,因此,对幼儿的餐前活动方式进行优化对幼儿的发展十分重要。立足于餐前活动的组织原则,教师把蚕桑资源融入幼儿的餐前活动中,既增加了餐前活动的趣味性,解决了餐前活动过程中出现的问题,又对生活活动进行了延伸,激发了幼儿对蚕桑文化的兴趣。

案例:蚕茧数数乐

餐前准备马上要开始了,保育员沈老师要进行午餐前的桌面消毒,幼儿开始手忙脚乱地整理玩具了。这时,浩浩不小心打翻了蚕茧盒,一个个蚕茧散落在地面上。浩浩立马蹲下来去捡地上散落的蚕茧,玥玥也走了过去,帮浩浩一起捡,浩浩说:"好多蚕茧呀,到底有多少个蚕茧呢?"于是,数茧的游戏开始了。玥玥边捡边数:"1、2、3、4、…"玥玥点到数字10以后,有些数不清楚了,浩浩说:"我和你一起数吧!"两个人蹲在地上一直在数,但是怎么都数不清楚到底有多少个蚕茧。浩浩数出来有58个,玥玥数出来有62个,他们谁也不服谁,于是玥玥跑过来问:"老师,这里到底有多少个蚕茧呀?"在午餐前,教师将蚕茧拿到幼儿的面前,把浩浩和玥玥的争论告诉了大家,请大家想想如何解决他们的矛盾。亦凡说:"我觉得唯一的方法就是数出来到底有多少个?"小楠说:"这里的蚕茧太多,我觉得太难了!"他们开始交头接耳地小组讨论,准备用不同的方法数清楚蚕茧的个数。经过一番争论之后,教师听取了每个小组的建议,有的幼儿建议一个一个地数数，有的幼儿建议蚕茧先一个个排整齐再点数。还有的幼儿提出蚕茧可以十个一排放整齐，再十个十个地数，班上大多数的幼儿都觉得还是一个一个数的方法最简单。但浩浩不同意，提出了反对，浩浩大胆地说："我觉得可以靠投票决定，应该都试试看。"玥玥说："我们一起一个一个方法试试看，一定就知道哪个方法最好了！"于是，幼儿开始了一次次的尝试。最终，幼儿自己得出了答案。第一种方法一个一个数，结果是蚕茧太多了，最后数混了。第二种方法一个个排整齐数，通过尝试发现速度也不快。幼儿通过实践证明浩浩十个十个数的办法最好，答案的获得既快又准确。由于餐前时间比较短，在临近吃饭时，教师给幼儿充分思考的时间。"除了刚刚我们想到的办法，请你回去和爸爸妈妈再讨论一下，有没有别的点数方法了，明天我们再一起交流分享哦！"

这个数茧子餐前活动的开展正是教师教育理念的一种转变，是教师在基于蚕桑课程化建设中理念落地的一种表现。教师不仅能够了解过渡环节中偶尔发生的事情，而且能够给予幼儿游戏的权利。由此可见，只要教师关注幼儿的表现，细心地观察幼儿，就不难发现幼儿学习的兴趣点。以幼儿的兴趣点再深入推进后续的活动，就能够收获意料之外的惊喜。同时，智慧的教师还能够让此次活动得到无限的拓展，巧妙地利用抛出问题的方法将家长资源引入后续活动之中，为拓展幼儿的经验提供了有利的条件。

（二）生活区活动

生活区的游戏来源于生活本身，贴近幼儿的实际生活，易于幼儿的实践操作，因此深受幼儿的喜爱。我园尝试把蚕桑资源融入幼儿的生活区活动中，让蚕桑资源与生活活动进行有效链接。目的在于丰富幼儿生活区的活动内容，帮助幼儿获得有益的蚕桑经验。基于蚕桑资源生活活动的有效开展，能让幼儿在自由、轻松的氛围中游戏和学习，真正让蚕桑资源课程化建设体现生活化的教育理念。

案例：饲养蚕宝宝

教师在小班"桑树三宝"主题中开展了生活区饲养蚕宝宝的活动。教师把蚕宝宝领养到了教室里，让幼儿随时都可以观察和喂养蚕宝宝。幼儿对蚕宝宝的喂养是零基础的，因此在喂蚕宝宝桑叶时，幼儿产生了疑问："这么小的蚕宝宝，能把这么大的桑叶吃掉吗？"有的幼儿也提出疑问："桑叶的茎可以吃吗？"听到幼儿的疑问，教师顺势向他们抛出了问题："怎样才能把桑叶变小呢？"经过幼儿的讨论，他们建议用剪刀、小刀、刻刀等工具把桑叶弄小，还有的幼儿直接用手把桑叶撕碎。在幼儿喂养蚕宝宝的时候，又有幼儿提出了疑问："老师，桑叶的茎蚕宝宝能吃吗？"还没有等教师开口，幼儿就叽叽喳喳说开了。"那我们试试看不就都知道了吗？"就这样，幼儿把茎也放进了蚕宝宝的盒子里开始了探究之旅。等幼儿再次去观察喂养的情况时他们会发现，桑叶没有了，但是茎还在。至此，幼儿已经积累了一定的养蚕经验，但如何将这些经验与同伴共享呢？有的幼儿提出了制作饲养蚕宝宝的规则牌的办法，于是教师指导幼儿一起合作制作了"我应该这样做"和"我的小发现"规则牌。后期，为了增加幼儿的经验，教师为他们提供蚕宝宝生长的图片，在幼儿饲养蚕宝宝的过程中随时做个有心人，用拍照和拍视频的方式记录全过程，并将它们制作成录像进行播放。

饲养的时间并不长，但总体的效果还是好的。在观察过程中，教师通过提问的方式，让幼儿初步了解蚕宝宝的生活习性，激发幼儿喂养的兴趣。在喂养中通过观察蚕宝宝的生长变化，培养幼儿的责任感和爱心，帮助幼儿初步养成了良好的记录和观察习惯，萌发了幼儿爱护动物、亲近自然的情感。

（三）户外体锻与自主性活动

户外活动是指能满足幼儿室内和室外身体发展和发育需要的各项活动，幼儿进行适量的户外活动可以促进其基本动作与身体机能的发展，增强体质，提高自身的环境适应能力和自我保护能力，培养幼儿良好的运动习惯，促使其形成积极、稳定的情绪情感。户外活动根据活动结构化程度的高低，通常分为有目的、有计划地组织体育教学活动和户外自主性自由活动两大类。我园尝试将蚕桑资源与幼儿的户外活动进行有机融合，并开发了一系列的户外活动案例，以此达到蚕桑资源课程化建设的目的。

1. 户外体育活动

教师应充分了解幼儿动作发展水平，合理规划利用户外场地设施和体育器材，开展符合幼儿年龄特点且丰富多样的体育活动。教师开设有关蚕桑元素的户外活动，能增加游戏的趣味性，使蚕桑资源课程化真正融入幼儿的生活活动，激发幼儿参与活动的兴趣，促进幼儿身心健康发展。

案例：中班体育活动"蚕宝宝爬"

活动目标：

1. 学习模仿蚕宝宝手脚着地、扭动身体匍匐向前爬行的基本动作，能培养手脚的协调性；
2. 培养幼儿的任务意识，具有一定的坚持性；
3. 体验模仿蚕桑宝宝爬行的愉快情绪。

活动准备：

1. 草席剪成大小不一的"桑叶"，平放在用废旧草地上；
2. 蚕宝宝头饰若干；
3. 欢快的音乐、场地的布置。

活动过程：

一、开始部分

（一）放音乐，引导幼儿做蚕宝宝的各种模仿动作：头部—上肢—腰部—全身（蹲起或伸展）—团身滚—放松。

（二）教师提醒幼儿找个空位置，重点进行伸展和团身的准备动作。

二、基本部分

（一）幼儿自由探索蚕宝宝的爬行动作。

1. 教师以谈话形式引入："蚕宝宝有哪些本领？"
2. 幼儿自由探索蚕宝宝爬行动作，教师观察指导。

3. 幼儿示范演示:

(1) 请个别幼儿演示蚕宝宝爬行动作,全体幼儿相互交流学习;

(2) 再次请个别幼儿进行示范。

(二) 教师进行爬的正确示范,讲解爬的要点。

1. 教师示范爬行,边示范边讲解注意点。

2. 提问:老师刚刚是怎么爬的?

(三) 幼儿分散练习匍匐爬的基本动作。

(四) 游戏"可爱的蚕宝宝"

1. 教师介绍游戏场地及玩法:今天的天气真好,蚕宝宝要外出去采桑叶吃了,它先要爬过山坡、绕过草地,才能来到桑树园采摘桑叶。

2. 幼儿开始分组练习。

3. 采摘桑叶比赛。

三、结束部分

(一) 幼儿在音乐声中,模仿蚕宝宝上山结茧的动作进行放松活动。

(二) 师幼学蚕蛾起舞愉快地离开场地。

在案例中,教师通过创设情境的方式让幼儿的体育活动融入蚕桑文化的元素。活动中,幼儿用爬行的方式模仿蚕宝宝的动作,还结合自身的经验探索了不同的爬行动作。即在开始部分和结束部分都采用了听音乐模仿蚕宝宝的各种动作,以达到巩固和拓展幼儿蚕桑有益经验的目的。游戏活动中,教师还创设了蚕宝宝爬行吃桑叶、蚕变蚕蛹、蚕蛾、吐丝等情节,既调动了幼儿游戏的兴趣,又能帮助幼儿回忆蚕的外形特征和生活习性。由此可见,基于蚕桑资源的体育活动,不仅能够促进幼儿身体素质的提高,而且能够将幼儿的身体发展与蚕桑有益经验的获得同步进行,从而达到事半功倍的效果。

2. 户外自主性活动

教师追随幼儿的兴趣,在户外自主性游戏中增添一些有关蚕桑元素的材料。教师利用家长资源收集了一些关于蚕桑的材料,如桑枝、桑叶、丝巾等,并一起进行归纳和整理,以便在后期游戏的开展过程中随时随地地挑选合适的材料。

在活动中，教师发现大班的幼儿喜欢尝试合作性且有力量的游戏，更偏向于竞技类型的活动。刚好把蚕桑资源融入户外的自主性活动就可以玩出快乐创意、玩出自我超越、玩出合作共赢。于是，教师选择了"桑叶快递员"这个幼儿熟悉又陌生的职业，试图通过提供大材料与任务驱动两种方式提高幼儿的合作意识和游戏能力。通过"护蚕小分队"游戏的情境导入，幼儿从起初单纯地运送桑叶，到开设物流公司、快递桑叶，到后期运送蚕茧、桑葚、丝绸等衍生物品，游戏的内容和情节随着幼儿游戏的深入开展得到逐步丰富。游戏中，教师追随幼儿的兴趣和游戏深入开展的需要，给予引导和支持，主要通过制定自主的游戏计划、及时反思在游戏中的问题、体验一物多玩的乐趣等途径来激发幼儿勇于挑战、不怕失败的精神。游戏环节如图5-1～图5-4所示。

图5-1 把桑叶装进快递盒

图5-2 填写快递单

图5-3 包装快递

图5-4 运送快递

上述活动中，教师鼓励幼儿在游戏中探索、观察，在实际操作中发现问题、解决问题并得出结论。所以，在活动中，幼儿一直处于积极主动的学习状态。在活动中教师运用了不同方式，引导幼儿自主探究学习，让幼儿对活动内容感兴趣，他们就能排除各种因素的干扰，集中注意力，自主地投入学习中去，把学习当成愉悦的事。教师还运用了情境法，创设了护蚕小分队的情境，这样就很自然地邀请同伴参与了游戏，幼儿的兴趣主动地提高了。

教育与幼儿的生活并不是脱节的，而应该是紧密联系的，教育的内容应来自幼儿的现实生活，教育的方法应适宜幼儿的学习特点。而我们身边的蚕桑资源跟幼儿的生活紧密联系，可以作为幼儿园生活活动的资源。我园利用桑蚕资源，在生活活动中开展各项与桑蚕有关的活动，把蚕桑文化与生活实践相结合，让幼儿在实践活动中获得各方面能力的发展，培养其优良的品格，激发幼儿对家乡蚕桑文化的热爱。在活动实施的过程中，家长、幼儿园、社会可以通过充分的配合，为幼儿营造一个多元、立体化的生活教育环境，形成教育的三方合作的共同力量，从而促使幼儿获得人格的完善和身心健康的发展。

第六章 基于蚕桑资源区域活动的探索与实践

区域活动又称区角活动、活动区活动,是依据幼儿的水平、兴趣、特点和需要制定适宜的活动。区域活动打破了集体教学的模式,它充分考虑了幼儿的个体差异性,满足了不同幼儿的兴趣。

我园基于蚕桑资源的区域活动以蚕桑资源为载体,以区域活动为具体活动方式,让幼儿通过直接感知、实际操作和亲身体验的方式,感受蚕桑文化的独特魅力,从而获得生命的成长和精神的丰盈。

一、基于蚕桑资源区域活动的价值

蚕桑资源在区域活动中的渗透与利用,不仅有利于提高幼儿的动手实践能力,更有利于增强幼儿对震泽家乡的热爱之情,同时也能够在幼儿的心中播撒蚕桑的种子,让幼儿得到蚕桑经验的启蒙教育。为更好彰显震泽古镇蚕桑资源的价值,教师们选用了最适宜幼儿的蚕桑资源,并将其与区域活动进行有效的结合,以此来发挥蚕桑资源的教育价值。

(一)符合幼儿获得经验的方式

幼儿园区域活动是符合幼儿经验发展的,幼儿在区域活动中感受到轻松的氛围并能够积极参与到各项活动中去。区域活动不仅满足幼儿的好奇心,同时凸显了幼儿的自主性。在区域活动中所习得的知识都是幼儿经验积累的体现。

在基于蚕桑资源的区域活动中,幼儿不仅能够获得相关的蚕桑经验,而且能够感知蚕桑资源的趣味性。可见,在这样的区域活动中,幼儿能获得多样性的发展,这就是蚕桑资源的魅力所在。

1. 直接操作,获得亲身体验的机会

幼儿在蚕桑活动中,通过直接感知、实际操作、亲身体验的学习方式,不断与蚕桑材料、同伴、环境产生影响,从而获得蚕桑相关的有益经验。蚕桑资源的区域活动能够满足幼儿探索和实际操作的需要。如:幼儿在喂养蚕宝宝的区域活动中能直接接触桑叶,通过采桑叶、撕桑叶、切桑叶、喂桑叶这一系列动手操作的活动,感知桑叶形状、脉络、厚度等基本特征,了解桑叶从嫩到老、由浅变深的生长过程。幼儿通过与桑叶之间的互动,既丰富了他们对桑叶的认识,也了解了蚕在成长过程中所需要的不同喂养方式。由此可知,基于蚕桑资源的区域活动符合幼儿的年龄特点和学习方式,它为幼儿提供了实际操作的机会,让幼儿充分与蚕桑材料进行互动,从而获得丰富的感性经验。

2. 多维推进,建构完整的经验体系

幼儿的全面发展需要丰富的经验,不同类型的区域活动侧重于发展幼儿不同的指向性经验,各类指向性经验的融合形成了较为完整的经验体系。所以,基于蚕桑资源的区域活动要为幼儿提供多层次、多维度的通道,从而达到帮助幼儿全面建构经验体系的目的。如幼儿在角色扮演区中扮演卖桑叶茶的老板或扮演售卖蚕丝制品的老板,为了向顾客推销好产品,老板必须要了解自己所销售产品的特点、功效、生产过程等,并将这些知识转化成通俗易懂的语言进行表达。这个过程,不仅发展了幼儿角色扮演和语言表达能力,更重要的是培养了幼儿主动学习的良好习惯。

在与顾客的交往过程中,老板还需要调动已有的生活经验,再现生活中的人、事、物,在游戏中来进行模拟,从而针对不同情况做出相应反馈。这一过程是在幼儿唤醒已有经验的基础上,在具体的情境中对原有经验进行加工、改造和提升的过程。综上所述,蚕桑区域活动主要为幼儿创造了宽松自由的学习氛围,从多角度、多渠道调动了幼儿的经验,让幼儿能够全方面地进行知识框架的重新建构。

3. 蚕桑游戏，营造探究的环境氛围

区域活动能够为幼儿提供丰富多样的蚕桑游戏，蚕桑元素的融入有效地烘托了蚕桑氛围，为幼儿的深入探究创造了有利的条件，也为幼儿获得蚕桑有益经验提供了很多的可能性。因为丰富多彩的蚕桑区域游戏能够吸引幼儿主动参与、深入探究，幼儿在实践、总结和反思的过程中得到经验的提升。

在多年的区域游戏实践中，我园不断创设，不断创新。从而形成了一系列的区域活动环境。其中包括一条以桑—蚕—茧—丝为脉络的蚕桑体验走廊，以及养蚕、茧艺制作、抽丝、剥绵、拉丝绵被、包装设计等游戏为一体的多样化的实习场游戏区。丰富多样的蚕桑实习场的创设，不仅为幼儿营造了浓厚的蚕桑氛围，而且实习场中的材料和环境能够有效地引发幼儿进行相关的蚕桑活动，更好地促进幼儿的深度探究。

基于蚕桑资源下的区域活动对幼儿的发展起到了至关重要的作用，可以支持幼儿有效地进行深度学习。对一系列蚕桑资源所引发的区域活动可以进行亲身实践、深入探索。园外获得的相关蚕桑经验运用可以在园内各项活动中，园内获得的蚕桑经验也可以渗透在园外实践的内容中，这样能让幼儿在园内与园外获得的经验相互融合、相互促进。

（二）尊重幼儿个性化发展的需要

在蚕桑资源区域活动中，教师观察幼儿的语言表达能力、同伴交往能力、合作能力、实践探究能力等，从中获得幼儿经验水平的第一手资料。然后根据幼儿在游戏活动中的兴趣、目标制定的层次性及影响幼儿发展的不同因素等方面，更好地制定有针对性的实施方案，并提出相应的指导策略。

1. 活动设置，满足幼儿个性发展的需要

在蚕桑资源区域活动的探索中，教师结合幼儿的兴趣爱好和年龄特征有针对性地设置活动。不仅可以激发幼儿在游戏中的主观能动性，而且能够有效地满足不同幼儿个性发展的需要，从而让幼儿能够在原有的基础上得到不同程度的发展。

在蚕宝宝的饲养活动中，有的幼儿对蚕宝宝的外形特征感兴趣，有的幼儿对蚕宝宝一生的变化感兴趣,还有的幼儿对蚕宝宝的食物感兴趣。于是在美工区,教师设置了制作蚕宝宝的活动,让幼儿用笔画蚕宝宝、超轻黏土制作蚕宝宝、纸巾制作蚕宝宝等。在语言区中,为幼儿提供绘本《蚕的一生》,让幼儿通过阅读绘本的方式,了解蚕一生的变化及各个阶段的主要特征。在科学区,让幼儿采摘各种树叶尝试喂养蚕宝宝,了解蚕宝宝的食物。

教师在设置区域活动的时候,不仅要让幼儿对游戏活动感兴趣,乐于参与游戏,还要考虑到幼儿的不同需求。从活动成效来看,幼儿在活动中既获得了愉悦的游戏体验,也获得了经验和技能的提升。可见,教师对蚕桑资源区域活动的设置是多方面的。在此过程中,幼儿和教师都不同程度地获得了发展。

2. 教师指导,关注幼儿解决问题的需求

在蚕桑资源区域活动中,教师要及时观察幼儿各种各样的情况,如幼儿对于蚕桑材料产生的兴趣、对材料的玩法、在活动中遇到的问题等,并及时为幼儿提供合适的帮助。

在蚕茧花制作的活动中,教师观察到有的幼儿在顶压茧子这个环节遇到了困难。他一开始尝试在茧子的一头用食指往下压,可是没有成功。于是,他将茧子轮换一个方向,选择另一个头再次按压,还是失败了。这时,他转过头观察同伴的方法,看到原来是需要食指和大拇指的配合才能完成。然后进行再次尝试,但是仍旧没有成功。教师经过长时间的观察,发现了幼儿的困难,并且及时介入进行指导。

基于蚕桑资源的区域活动中,幼儿是带有一定的任务意识的。主要通过与材料进行有效互动来解决现实生活当中的真实问题。但由于幼儿的能力有限,在无法解决问题的情况下,就需要教师提供适宜的指导。

二、基于蚕桑资源区域活动的类型

基于蚕桑资源的区域活动按照空间方位划分主要分为室内蚕桑资源区域活动和室外蚕桑资源主题区域活动。室内蚕桑资源区域活动主要指班级的区角设置,室外蚕桑资源区域活动主要指户外蚕桑游戏区和蚕桑种植区的持续探索活动。

（一）主题背景下区域蚕桑活动设置的关键点

主题背景下蚕桑区域活动需要给幼儿提供自由的、自主的进行创造的场所，操作材料的提供也须与主题相关。不论是室内活动还是室外活动，都是教师与幼儿一同精心创设、符合幼儿能力发展的，也是尊重幼儿学习模式与兴趣的。因此，主题背景下的蚕桑区域活动设置的关键点是要明确区域的界限、考虑区域的性质、拓展区域的空间。

1. 明确区域界限

在开展区域活动中，教师对于区域的界限设置要明确、清晰，因为这对幼儿在区域活动中起着较大的作用。在环境创设中，教师可以用低的书架、简单的柜子、挂饰给区域进行规划与分区。也可以和幼儿一起为区域制作创意标记，呈现制定的蚕桑游戏规则，帮助幼儿了解区域的位置和蚕桑游戏的内容。在室外的活动区域中，可以用大型的器材、器械及花草树木进行分隔区域。同时也要注意好各区域空间的大小，因为蚕桑主题背景下的区域活动所需要的空间大小也是不同的，可按照具体情况做相应调整。

2. 考虑区域性质

蚕桑主题背景下的各区域性质是不同的。如数学区侧重于培养幼儿对数的感知、数量、排序等逻辑思维能力。表演区侧重于培养幼儿用蚕桑物品来进行表现与创造，提高其对美的感受能力。所以，在进行主题背景下蚕桑区域活动的设置时，要根据区域的性质考虑位置、光线、空间等因素。如要在美工区开展桑叶拓印、桑汁扎染、清洗布料等活动，这些活动需要用到水，所以这个区域设置尽量要靠近水源，以方便幼儿用水的需要。在自然角里要观察桑叶的成长、观看桑枝上面的细节、阅读有关蚕桑方面的书籍等，那么就需要充足的光线，所以教师在设置自然角时，应该考虑窗边、走廊、阳台等光线充足的地方。可见，区域的设置根据其性质决定，教师只有在充分了解区域性质的基础上，才能够创设合理、科学、适宜的空间。

3. 拓展区域空间

教师在设置蚕桑区域活动的时候，不仅有室内的区域活动，还有室外的区域活动。室内区域活动的设置一般都是分布在班级里的，所以区域的空间是有限的。有限的室内区域空间可能会限制幼儿游戏内容的丰富性，幼儿缺少探索和体验的机会。为了更好地解决这个问题,教师尝试通过拓展区域的空间来缓解矛盾。比如在美工区幼儿制作了精美的蚕宝宝头饰、项链,还设计了精美的丝绸服装。为了能够展示这些作品,教师引导幼儿与表演区进行了联动,巧妙地将这些作品运用在表演区里,让室内的区域活动和室外的区域活动游戏进行了有效衔接。通过将以上两种区域进行科学有效的衔接尝试,不仅缓解了区域空间的紧张,实现了区域之间的有效联动,还将室内外的区域打通、相互呼应,实现了室内区域活动向室外区域活动的有效延伸。

(二)主题背景下区域蚕桑活动的常见疑问点

蚕桑区域活动主要是教师根据具体的活动目标、幼儿的发展能力水平及幼儿的兴趣来设置的。在设置的时候,还要考虑到幼儿的现有能力水平。但是在具体的实施过程中,教师会发现幼儿的一些活动问题,比如幼儿的注意力不专注,游戏过程中无法与同伴进行有效沟通。对此,教师根据具体的现象进行分析与研究,总结如下。

1. 教师观念上的偏差

教师的教育观念是蚕桑资源课程化实施的指挥棒,对幼儿的蚕桑活动起着关键性的作用。有的教师认为蚕桑区域活动是教学活动的辅助,常常出现部分幼儿进入活动区活动,另一部分幼儿还在集中授课的"厚此薄彼"现象。还有的教师虽能认识到蚕桑活动区的重要性及对幼儿发展的独特价值,但觉得区域活动收拾工作繁琐,产生了倦怠心理,活动区逐渐沦为"应付检查的道具"。以上教师观念的偏差导致区域活动无法进行开展,幼儿失去了区域游戏活动这一获得能力提升的途径。

2. 教师指导上的偏差

蚕桑主题背景下的区域活动的开放性、活动性和自主性决定了教师应根据幼儿的发展特点和兴趣来观察、指导幼儿进行深入的探究。在调查中我们发现,教师在游戏指导中大概会出现以下两种情况:一种是低控幼儿,放任指导,另一种是高控幼儿,全程指导。以上两种情况下,教师指导都难以发挥蚕桑区域活动的教育价值,导致幼儿虽然参与了区域活动,但活动成效不足,无法获得蚕桑的有益经验。

3. 环境创设上的偏差

环境的重要性不言而喻。蚕桑主题背景下区域活动的环境更加需要依据蚕桑活动的教育目标、内容以及幼儿的身心发展的规律与特点逐步进行创设。但是我园教师在区域活动环境创设上出现了一定的偏差，主要表现为以下三个方面：第一，过多地关注审美，区域环境以美为主旋律，讲究精致、漂亮；第二，从主观意识出发，凸显教师的主体性地位，环境由教师做主；第三，没有凸显幼儿本位，环境不够幼儿化。由此可见，我园在蚕桑区域活动环境创设上更多是从教师的主观意识出发的，忽视了幼儿的实际发展需要，从而导致蚕桑区域活动失去了本身的教育价值。

三、基于蚕桑资源区域活动的实施策略

基于蚕桑资源的区域活动将蚕桑资源与幼儿园区域活动进行了有效的整合，在对蚕桑资源开发和利用的基础上，有效促进了我园蚕桑资源课程化的建设。为了促进蚕桑资源区域活动的有效实施，我园以蚕桑区域活动环境、材料和教师的支持三方面为切入口，确保活动的顺利开展。

（一）创设丰富的蚕桑区域活动环境

在运用蚕桑资源创设区域活动环境时，我园坚持从实际出发的原则，充分利用我园的室内外场地，打造具有浓厚蚕桑氛围的活动环境。

首先，需要正确、合理地规划游戏的空间场地。在室内蚕桑区域活动的环境规划中，不仅要根据区域空间、蚕桑游戏的内容、幼儿的活动等因素进行合理的设置，同时教师要体现活动区设置的基本理念，注重活动区域的形式多样，满足不同幼儿活动的需要。

在室内区域活动的布置方面，教师根据班级的空间结构，以蚕桑资源为载体，按不同的蚕桑主题设置了多个基础性区域。室内区域有养蚕生活区（例如，喂蚕宝宝、切桑叶、桑叶保鲜等等）、美术创意区（例如，蚕宝宝手工制作、桑叶拓印画、蚕宝宝吐丝弹珠滚画等等）、益智操作区（例如，蚕宝宝走迷宫、桑园拼图、喂蚕宝吃桑叶等）、建构区（例如，养蚕人家一条街、蚕花节大舞台等）和表演区（例如，爱跳舞的蚕宝宝、采桑忙等）。这些区域设置时，教师在空间上注意了开放式和间隔式空间的相互补充，坚持

动静结合、干湿分离的原则,利用玩具柜、桌子、小屏风、纸板、纸箱等多样化的材料来将游戏区分隔成开放或半开放的活动区域,充分利用活动室的有效空间。由此可见,室内活动区空间的合理规划充分遵循了幼儿身心发展的规律和特点,让活动与幼儿的生活紧密关联,从而实现了由教学到生活,生活再融入教学的特殊效果。

其次,室外场地的利用也要凸显巧妙性。蚕桑区域活动不仅仅局限于室内场地,还要注意拓展室外的场地,做到室内外的呼应。如在室外开辟桑树林、户外桑园体验区,这样就可供各年龄段的幼儿进行采桑、养蚕、加工蚕丝等体验性的活动,以此来增加幼儿在采桑、养蚕、观察蚕宝宝成长等活动中的经验。还可以在室外布置与蚕桑资源相关的展牌,展牌的设计以幼儿的图画为主,以文字介绍为辅,便于幼儿看懂和理解。室外场地的巧妙利用能够有效地拓展室内游戏场地的空间,是室内蚕桑资源区域活动的延伸。

(二)投放适宜的蚕桑主题材料

幼儿的发展很大程度上取决于与材料的互动,材料是蚕桑主题区域活动当中的重要元素。所以,为蚕桑主题区域活动提供适宜的操作材料显得格外重要。蚕桑资源主题下区域活动材料的投放要考虑幼儿的发展水平,因为幼儿的发展水平不一致,教师需要关注到幼儿发展的差异性。根据幼儿的实际表现,教师可以随时增减活动材料。基于以上原因,我园主要从材料的生活化、可操作性和反复性三方面进行投放。

1. 生活化

蚕桑主题材料投放的生活化主要是指材料来源于幼儿的生活,是幼儿生活当中比较常见和熟悉的,可以是具体的实物,也可以是半成品材料。蚕桑主题下区域活动材料的投放,应当多利用幼儿生活中常见的、熟知的物品,这样可以将幼儿的游戏和生活经验相互融合渗透。如在美工区投放大小、颜色、形状不一的各种桑叶,粗细、长短不同的各类桑枝,不同颜色、长短的蚕丝,大小、颜色不同的蚕茧等。这样的生活材料的提供,不仅凸显了材料的生活化,而且减少了材料的品种,为后期的一物多玩做好了铺垫。由此可见,生活化游戏材料的提供让蚕桑游戏来源于生活,又回归到生活中去。

2. 可操作性

蚕桑主题的区域活动是以蚕桑实习场的途径开展的。蚕桑实习场的创设关注幼儿与材料的互动，让幼儿能够在操作、实践和体验中获得经验的积累。小班的美工区中，教师为幼儿提供了不同颜色、大小的桑叶，让幼儿通过动手撕桑叶、用剪刀剪桑叶的方法锻炼手部精细动作的发展。从中可以看到，可操作性材料的提供，不仅可以让幼儿获得知识技能的提升，而且有助于幼儿形成良好的学习品质，比如钻研、耐心、善于观察与思考等。而教师需要根据幼儿实际情况来对材料进行更换，让蚕桑主题下的区域材料更好地吸引幼儿，让幼儿主动与材料互动，增强他们对蚕桑主题下的区域活动的兴趣，从而体验到成功的喜悦。

3. 反复性

蚕桑主题下区域材料的反复性，是指幼儿在活动探索的过程中，对于提供的各种操作材料，能够做到反复的利用。即幼儿在操作活动中，能够根据自己的想法不断地尝试发现，不断地去利用现有的操作材料进行多次的实践与探索。如在美工区教师为幼儿提供了桑叶开展拓印活动，为了呈现不同颜色效果，幼儿可以通过清洗桑叶的方法达到拓印多种颜色的效果。由此可见，材料的反复性一方面能够有效地节省游戏的成本，使用的频率也会更高，另一方面也适当减少了教师创设游戏环境的精力。

（三）给予适宜的蚕桑区域活动支持

幼儿阶段的教育应充分汲取本土优秀文化。充分利用本土蚕桑资源，将蚕桑资源融入幼儿区域活动之中，以开发具有地方文化特色的园本课程，丰富幼儿教育的形式。培养幼儿热爱家乡的情感，并帮助幼儿体验本土文化的魅力。区域活动是实现其课程目标的重要载体，幼儿在直接感知、亲身体验、实际操作中感受蚕桑文化的乐趣与魅力，进而深入了解蚕桑资源中的历史文化。

1. 根据年龄特点，给予适宜的指导。

通过幼儿的实践参与，教师能深刻领会和把握自己在活动中的角色地位，从而高效地指导幼儿区域活动的开展。参与教师能根据幼儿的年龄特点来有效实现角色的定位。对 3～4 岁小班的幼儿,教师的角色应表现为合作者—引导者—观察者。4～5 岁的幼儿思维处于直觉行动性阶级,教师的角色应表现为引导者—合作者—观察者。5～6 岁的大班幼儿此时的思维处于直觉行动开始向具体形象的思维过渡阶级,教师的角色应表现为观察者—引导者—合作者。

2. 追随幼儿兴趣,给予探究的支持。

兴趣是最好的老师。在蚕桑主题区域活动当中,幼儿在与材料的互动中会发现有趣的地方。追随幼儿兴趣也是教师的专业教学能力之一,更是教师支持幼儿的最好表现。如:"身上的黑点是什么?为什么放在我们的衣服上蚕宝宝不会掉下来?"针对这些具有科学性的问题,教师在科学区为幼儿投放了绘本《有趣的蚕》《全身都是宝》《我的一生》等,让幼儿通过绘本的阅读得到专业的解答。

四、基于蚕桑资源的各年龄段区域设置

应基于幼儿年龄差异的特点,细化小班、中班、大班的区域活动。不同年龄段的幼儿对事物的兴趣、学习能力有较大的差异。例如中班幼儿的年龄特点为动作发展快、认识靠行动、爱模仿、常把动物当作同类等,针对此年龄特点,区域活动应以培养幼儿对养蚕活动的兴趣为主,逐步引导幼儿在照顾蚕宝宝的同时观察蚕的成长过程,故可以开展中班蚕桑资源主题"蚕的一生"的区域活动。

根据健康、社会、科学、语言、艺术等方面发展的需要,站在幼儿的角度,从幼儿心理和年龄特点出发,为幼儿创设美工区、生活区、角色区、语言区、建构区、科学区等不同形式的区域活动。为幼儿提供动手、动脑,并且能够按照自己的兴趣和需要进行活动的场所和施展才能的机会。本着合理布局、便于流动的原则,根据近期的教育目标和幼儿发展水平为幼儿有计划、有目的地选择和投放材料,提升蚕桑区域活动的科学性和有效性,让幼儿在自由、自主的活动中学习、探索、发展各方面的能力。

下面就以适合三个不同年龄段幼儿的蚕桑主题来给大家介绍一下具体的区域活动的设置。

（一）小班蚕桑主题"桑树三宝"区域活动

1. 美工区

提供桑叶、颜料、纸、画笔、擦手抹布等材料,让幼儿学习在桑叶上涂色并印画的技能,使其初步对拓印产生学习兴趣,如图 6-1 所示。观察桑叶的形状、颜色、纹路,探索利用桑叶的形、纹进行拓印画等技巧。

图 6-1　桑叶涂色

提供桑葚汁、手帕、牛皮筋、雪糕棒等材料,让幼儿学习简单的扎染方式,尝试用桑葚汁进行扎染。感受扎染作品鲜艳的色彩及美丽的图案,让幼儿喜欢上染纸活动。让幼儿学习使用牛皮筋进行捆绑,捆绑时要捆紧。

提供桑树枝、各种颜料、各色彩纸等,引导幼儿用桑树枝、各色彩纸、超轻黏土等材料进行组合创意画。

2. 生活区

提供桑叶、剪刀、蚕宝宝等材料,引导幼儿尝试用剪刀剪桑叶,喂养幼小的蚕宝宝,增强其保护小动物的情感;引导幼儿能够用剪刀修剪大桑叶,去掉粗的茎,照顾幼小的蚕宝宝。

提供桑葚、捣研罐、过滤网、干净的瓶子等材料,引导幼儿学会用工具敲打桑葚并且进行过滤,引导幼儿均匀敲打,过滤时注意防止外漏。

提供桑皮、编织工具、编制步骤图等材料,引导幼儿尝试用桑皮进行简单的编织,发展幼儿的精细动作,并体验编织活动的乐趣。

3. 角色区

提供桑叶茶包、水、水杯等材料,引导幼儿用礼貌用语,流利地向客人介绍桑叶茶的功效。

提供新鲜的紫色桑葚,让幼儿能在教师的帮助下学会制作桑葚糕,并且学会用售卖术语进行售卖,在售卖中体验买卖、劳动的快乐。

4. 语言区

提供桑树采摘、浇水、捉虫等照片,引导幼儿与同伴分享照顾桑树的趣事。提供有关桑树三宝的绘本和书籍,引导幼儿用绘本中简短、反复的语句进行讲述,创编儿歌或故事。

5. 建构区

提供积木、桑树、马路、汽车等材料,引导幼儿能和同伴商量、共同合作搭建桑树林,对搭建桑树林活动产生兴趣,如图6-2所示。

提供桑枝、纸管、各色超轻黏土、纸和笔等材料,引导幼儿在搭建前有计划地协商桑树林布局,丰富桑树林的搭建内容,引导幼儿合理布局。

图6-2 建构桑林

6. 科学区

提供小鸟以及桑葚图片若干,引导幼儿能够根据小鸟身上的点子数量,学会喂小鸟等量的桑果,引导幼儿注意数点子的顺序。

提供桑葚、杯子、食用碱、白醋、清水、毛巾、搅拌棒、滤网、捣研罐等材料,让幼儿观察桑葚汁中加入不同材料后的变化,并与同伴分享实验结果。

7. 表演区

提供《桑树宝宝成长记》绘本、桑树头饰这些材料,引导幼儿学会根据故事的情节与同伴合作表演故事。

提供桑枝、桑叶这些物品作辅助材料,并且根据背景音乐来进行表演创造,提高动作表现能力。

(二)中班蚕桑主题"蚕的一生"区域活动

中班幼儿游戏活动水平提高,参与活动的积极性增强,表现出一定的自主性和主动性。我园结合幼儿的年龄特点开展中班蚕桑主题"蚕的一生"区域活动的创设,重点引导幼儿分阶段观察蚕的成长,并做好相应的记录,使幼儿对蚕的一生能够清楚表达并有相关的经验积累。

1. 美工区

提供勾线笔、胶水、白色皱纹纸、绿色叶子、剪刀等材料,通过卷、挤、压等动作制作"蚕宝宝",进一步提高幼儿的动手能力。通过了解蚕宝宝的身体特征,培养幼儿对制作"蚕宝宝"的兴趣。

提供纸盒、卡纸、双面胶等材料,制作"蚕茧的家"。折卡纸的时候,引导幼儿折得较宽一些,折好以后用双面胶粘贴固定。

得提供水彩笔、蚕茧、胶水等材料,引导幼儿用左手将蚕茧固定,右手绘画。幼儿操作时,鼓励幼儿耐心、细致地完成自己的作品。

2. 语言区

提供关于蚕宝宝的相关图书,了解蚕宝宝的生长过程。引导幼儿根据图片讲述故事主要内容,激发幼儿喜爱蚕宝宝的情感。

引导幼儿爱护图书,看书时保持安静。

3. 益智区

提供各种各样的蚕蛾图片,引导幼儿通过观察图片,能与同伴分享蚕蛾的特征,了解不同的蚕蛾形态。

提供各种各样的蚕桑拼图,引导幼儿使用蚕桑拼图进行拼图游戏或拼图比赛。

4. 科学区

提供放大镜、白纸、笔等材料,运用多种感官观察蚕蛹,如图6-3所示,鼓励幼儿和同伴交流观察后的结果,并尝试用笔进行绘画。

提供蚕各个生长阶段的图片若干,引导幼儿学会观察蚕各个生长阶段的特征,在了解蚕宝宝一生的基础上学会正确排序。

提供蚕茧、放大镜、记录表、笔等材料,引导幼儿通过连续观察发现蚕蛹的羽化过程、蚕蛾的不同形态特征及交配蚕卵过程,并进行记录。引导幼儿用放大镜连续观察蚕茧的变化,在记录表上进行记录。

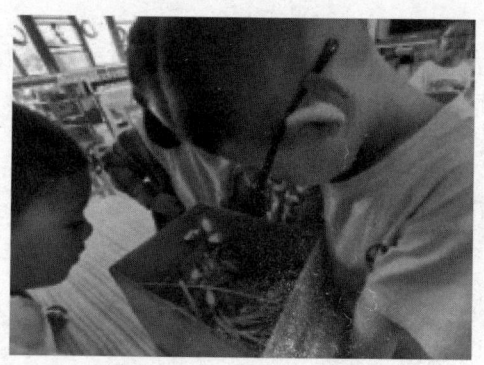

图 6-3　为食品画包装

提供蚕卵、放大镜、记录纸、笔等材料,引导幼儿借助放大镜,仔细观察蚕卵在形态、颜色等方面的特点。能仔细观察发现蚕卵的特点,并进行记录。

5. 表演区

提供绘本《蜘蛛和蚕》、蜘蛛和蚕的头饰、丝线等材料,在熟悉绘本的基础上表演绘本的大致情节。

提供蚕宝宝头饰、桑叶、桑枝、音乐《蚕宝宝的故事》等材料,能运用语调、表情、动作去表现蚕宝宝的形象和情感变化,发展幼儿的语感,增强语言的表现力。

6. 角色区

提供各种各样丝制品、茧艺作品、桑蚕作品等材料,引导幼儿有礼貌地进行买卖活动,引导幼儿清楚地表达自己的需要。

提供桑叶茶、桑叶糕、桑叶饼干等物品,在角色区进行售卖,并且大胆地进行叫卖,及时回答顾客的问题。

（三）大班蚕桑主题"丝之乐"区域活动

针对大班幼儿自理能力和劳动能力明显提升、合作意识增强、控制能力增强、有较强的探究新事物的欲望等年龄特点，我园开展了蚕桑主题"丝之乐"区域活动的创设。此主题下的区域活动侧重观察蚕在吐丝以后的变化、思考蚕茧及丝的用途、蚕丝与人们生活之间的关系等，既保护了幼儿的好奇心，又有助于培养幼儿对科学事物、自然现象的兴趣，从而提升科学的探究能力。

1. 美工区

提供各种布料、扎染染料、一次性手套和围裙、笔或积木等操作的材料，进行拓印、扎染等活动，让幼儿体会丝绸的美感。

提供图纸、布料、剪刀、丝绸等材料，设计造型独特、富有童趣的丝绸服饰，让幼儿感受丝绸在人们生活中的作用。

（3）提供丝巾、染料、扎染工具等材料，让幼儿能用橡皮筋形成不同的捆绑方法，大胆运用颜色扎染。

2. 语言区

提供记号笔、纸、简易地图等材料，引导幼儿设计和规划蚕花节开幕式行进的路线，用左和右描述路径，观察发现、分析判断、归纳提升，培养幼儿形成初步的空间概念。

提供丝、茧的相关资料和材料，引导幼儿讲述丝绸、茧的特征，说一说震泽当地蚕桑文化，并且引导幼儿大胆讲述自己对丝绸文化的了解。

3. 科学区

提供缠丝线的工具、若干煮好的茧子等材料，引导幼儿学会将煮好的茧子用手剥出丝线的一头，并学会将丝线缠绕在工具上。

提供蚕茧、算式卡片、纸、记号笔等材料，在操作蚕茧的过程中感知 10 以内数的分成。

4. 建构区

提供积木块、木板、建构步骤图等材料，引导幼儿用平铺、垒高、架空等技能搭建舞台，并提供卡纸和记录笔来记录搭建的作品。

提供一些场地的图片，幼儿可以大胆发挥想象并建构丝之乐的舞台、缫丝工厂等蚕桑有关的场地。

（四）主题背景下室外区域蚕桑活动

基于蚕桑资源的主题背景下的区域活动除了上面介绍的室内区域蚕桑活动，还有室外的区域蚕桑活动。室外区域蚕桑活动既是室内区域蚕桑活动的延伸和补充，又与室内区域蚕桑活动遥相呼应，起着深入推进蚕桑资源课程化的作用。

1. 农耕工具认识区

提供各种农耕的旧物，幼儿能够通过观察认识这些农耕工具的名称、特点及使用方法。

幼儿以自己喜欢的方式为农耕工具制作标识，尝试通过绘画的方式表现农耕工具，从而加深对农耕工具的认识。

2. 农耕工具操作区

提供各种农耕的用具，让幼儿观察农具的基本外形，了解工具的使用方法，如图 6-4、图 6-5 所示。

图 6-4　农具展示、认识区　　　　图 6-5　认识农具

提供农具使用示意图，幼儿能根据示意图，学会正确使用锄头、桑剪、铲子等工具。幼儿在使用的时候，教师鼓励幼儿进行自我操作，并且知道要爱护农耕用具，不能破坏，如图 6-6、图 6-7 所示。

 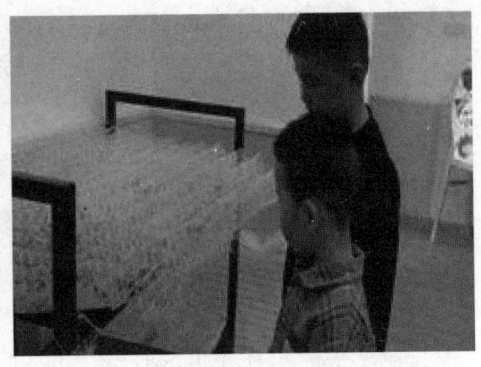

图 6-6　观察养蚕的匾子　　　　图 6-7　观察养蚕的蔟子

3. 蚕桑制品展示区

为幼儿提供桑叶、桑葚等物品，供幼儿制作蚕桑美食，如图 6-8 所示。

图 6-8　一起品尝桑叶茶

制作食物后，幼儿可以与同伴一同包装美食，并利用现有的材料，如丝带、标签、卡纸、彩笔等进行装饰，如图 6-9 所示。

图 6-9 为食品画包装

五、基于蚕桑资源的室外区域活动实例

我园在全体教师的努力下,蚕桑资源课程化的建设已经历经了二十多年,基于蚕桑主题下的室外区域活动的探究也是我园课程建设的重要途径之一。整个推进过程中,教师们善于观察、勤于积累、善于研讨,已经实现了非常多的成功实例。下面就以"制作桑树领养标记"为例介绍我园室外区域活动的实例。

案例:制作桑树领养标记

幼儿的兴趣来源于对生活的热爱。不管是飞来飞去的蝴蝶还是雨后的蚯蚓,或者草地上的蚂蚁洞都能引起他们极大的兴趣和好奇心。种植区里,同样也是魅力无穷。

户外种植区里,幼儿拿着水桶正在给前几天刚种植的桑树浇水,如图6-10所示。宸宸拿着水桶来到水龙头那里接水,然后拎着满满的水桶去浇桑树。他吃力地抱着水桶对着桑树就浇,结果哗哗啦啦,一大桶水都浇完了。桑树被浇透了,还溢出了很多的水。宸宸笑着说:"还好我穿着雨鞋,不然鞋都要湿了,这样可不行,我得去找个装水的瓢!"宸宸看了四周,没有发现瓢,熙熙指了指不远处的玩沙区,说:"那里有很多的玩沙工具的,要不我们去拿一些?"宸宸笑着说:"这真是个很棒的想法哦。"

另一边,几个女孩子也来浇水了。熙熙赶忙跑过来,大喊:"哎呀,这棵桑树是我的,刚浇过水了啊!"带头的那孩子涵涵嘟囔着:"那我们又不知道,是吧!"这时,熙熙摸了摸头,笑着说:"我有好主意了,要不我们一起来给桑树做领养标记吧,这样,我们看到标记图就知道是谁领养的了。"此时,教师对幼儿们的想法及时给予了肯定,"哇,这个想法太好了,只是要怎样制作领养标记呢?"

图6-10 给桑树浇水

在活动中,幼儿有说有笑,各抒己见。有的说:"我要为桑树拍个照片贴上去。"还有的说:"我把它的生长变化画下来……。"

于是,后续关于制作桑树领养标记的活动随着幼儿的兴趣逐步深入开展了。

幼儿的好奇心是与生俱来的,在好奇心的推动下他们对事物的探索乐此不疲。教师需要做的是用心观察幼儿并尊重幼儿自发的学习兴趣与探究欲望。在案例中,幼儿对桑树感兴趣,于是教师追随幼儿的兴趣点进行活动。而教师更应该从细小的方面入手,学会用观察和分析的手段,解读幼儿内心的每一个"魔法时刻",观察是第一步,不能用眼睛看,而是用心去了解。

1. 在开放的情境中诱发幼儿的创造力

幼儿的创造力是无穷无尽的,这种巨大的潜力也是需要后期慢慢锻炼的。游戏是一种很好的锻炼方法,户外种植区就是一个很好的媒介,幼儿通过种植、浇水、施肥等方式来更好地照顾桑树,幼儿通过运水、协商、寻找材料等活动提高了自身动作的灵活性。在放松的种植区情境活动中,幼儿自由结伴,可以培养幼儿合作游戏的能力。教师的不断引导与鼓励,让幼儿在种植活动中感受到快乐,感受到教师所创设的放松氛围。

2. 在宽松的氛围中提高幼儿解决问题的能力

幼儿学习知识,不单单在活动中,也不是只靠教师的灌输。当然,幼儿之间总会有个别差异。有的幼儿不需要别人去打扰,喜欢自己去发现探索。在种植区中,当幼儿无法识别自己的桑树时,他们通过商量决定为桑树制作领养标记。而且在教师的引导下,能够大胆地对领养标记进行规划和创想。展示了幼儿在遇到困难的时候解决问题的真实能力,这是值得我们欣喜的。

幼儿是一个永远也猜不透的谜语,更是一道让人驻足而无限留恋的风景。在基于蚕桑资源主题的区域活动中,我园充分利用自己的地理优势、空间优势和资源优势,创设具有蚕桑特色的室内外环境,营造养蚕、采桑的文化氛围,让幼儿充分参与其中。在户外种植区中,就是这样以蚕桑资源作为活动的媒介,师幼共同动态地创设游戏区。并在此基础上不断贴近、不断推进、不断改善幼儿的最近发展区。让幼儿在宽松、愉悦的游戏氛围中有所成长,在幼儿心底埋下一颗幸福的种子,不断生根发芽!

第七章 基于蚕桑资源专室活动的探索与实践

专室是指幼儿园专用活动室,是为幼儿开展专项活动所配备的与之相符的环境、材料、设施的活动场所。专室是供幼儿学习和使用的物质环境,也是课程建设中一个重要的实施途径。它强调人与设施、环境、材料等相互作用,专室活动以幼儿为主体,追随幼儿兴趣和学习,让特定的场所产生专项教育价值。

本章节研究的专室是特指在蚕桑资源的开发与利用的过程中开展蚕桑活动的专用教室。它是依托蚕桑资源的高效开发与有效利用,以探索幼儿适宜性教育为目的,促进幼儿蚕桑经验发展的一个学习场所。蚕桑资源专室由幼儿与教师共同参与创设,不同于教室区域,它更多的是为幼儿提供一个自主探究的学习环境,专室的各个区域围绕蚕桑资源课程化建设相互联系,形成一个蚕桑知识探究的操作系统。幼儿在前,教师在后,这就是蚕桑资源专室创设的重要教育理念。

一、蚕桑资源专室开发和建设的意义

随着课改的不断推进,教育资源的不断挖掘,近几年,全国各地各校对专室进行了开发与研究。在2015年,上海市委教委教育技术装备中心对高中专用教室建设进行了研究,并发现专室建设是一种基于学生发展需求的环境。杭州市中小幼教科室对各校专室的建设进行了调查和研究,从中发现专室开发建设是非常有意义的,我园基于蚕桑资源专室的开发是课程建设中的一个重要途径。

(一)突出幼儿本位,主动建构蚕桑经验体系

在国内,幼儿园专室创建已经形成了一定的趋势。我园基于蚕桑资源的专室活动以幼儿为中心,鼓励幼儿人人参与。幼儿在专室中带着已有的蚕桑经验并借助专室特有的功能,获得蚕桑知识的巩固和拓展,由此重新建构蚕桑新经验体系。

1. 自主学习,激发幼儿蚕桑活动探究的内驱力

一个人要获得知识,必须通过自己的分析或者发现和判断,然后经过知识的建构和组织达到知识框架重组的目的。基于蚕桑资源的专室呈现的是一种活教育理念,幼儿在蚕桑活动中处于一种自主学习的状态。他们自主选择蚕桑资源专室里的区域,自主选择区域中的蚕桑材料,与自己喜欢的蚕桑材料进行互动。教师则从幼儿的参与程度、交往合作、表现意愿、操作能力等方面来衡量幼儿自主学习的状态,因为这些都是幼儿自主学习的体现。蚕桑资源是幼儿喜闻乐见的教育资源,在蚕桑资源专室中以不同的方式呈现,可以让幼儿捕捉到真实的生活,真正产生主动学习的契机,激发幼儿在学习中探究和发现,以此获得真正的蚕桑经验。

2. 因材施教,满足幼儿蚕桑经验获得的需要

陶行知先生认为幼儿是学习的主人,要把幼儿放在首位,突出幼儿主体,并且尊重幼儿的个体差异性。我园发现,利用蚕桑资源可以实现不同幼儿的需求,为此,针对不同幼儿的年龄特点,教师预设了不同的教育目标,较好地体现了蚕桑活动目标的层次性。这就是幼儿本位教育理念的最好诠释。在蚕桑资源专室活动中,幼儿可以根据自己的实际水平选择适合的操作活动。如小班幼儿来到养蚕室可以喂蚕宝宝,可以采摘桑叶、桑叶切丝、撕拉桑叶,借助工具观察蚕宝宝吃桑叶等多形式的操作内容,给每位幼儿以平等、自由、公平的教育环境,让他们得以进行真正的自主学习。

3. 深度学习,构建幼儿完整的蚕桑经验框架

深度学习是指幼儿在蚕桑资源专室里利用已有的蚕桑知识经验提升

新经验,并在特定情境中解决问题的一种学习,从而助推幼儿蚕桑经验的完整架构的构建。幼儿在蚕桑资源专室开展的深度学习可具体表现为问题的提出、解决问题、新经验的迁移和整合,还包括专注力保持、学习状态持久性等。蚕桑资源专室正是利用了蚕桑资源这个载体,让幼儿在蚕桑活动中不断探究学习,达到逐步完善自身蚕桑经验体系的目的。

(二)打破场地局限,实现蚕桑经验体系的块状链接

在教育部、住房和城乡建设部印发的《幼儿园标准设计样图》中提到了一些相关的综合活动室,这文件旨在鼓励幼儿园利用自身园所优势开发出有利于幼儿发展的各类专室区域和平台。我园在蚕桑资源课程化建设的过程中,以蚕桑资源专室为实施路径探索了课程实施的方法,力求打破蚕桑资源专室的局限,通过开辟多元化区域、提高区域使用效率及形成区域之间联动的方法,让幼儿将块状的蚕桑经验进行有效链接。

1. 开辟多样化区域

我园根据幼儿的发展水平进行了蚕桑资源专室区域的划分,目的是满足不同年龄段幼儿的需要,激发幼儿学习兴趣,鼓励幼儿在多样化的区域活动内自主选择,最终达到每一位幼儿在原有基础上得到发展的目的。

2. 提高区域使用效率

在经济大力发展的背景下,近年来,我国幼儿园的专用室创设的数量日益增多,种类也更为丰富。我园异地新建后,硬件条件得到了保障,空间场地更宽广。为了充分挖掘园内每一处教育环境的价值,为幼儿提供更多样化、更丰富的操作平台,我园在蚕桑资源专室在场地的使用和分配上突破了原先一贯制的"教室"理念,以蚕桑实习场为切入口,有效将专用教室、走廊、公共区域等地方连通,形成专室活动一体区域,以此提高区域使用的效率。

由于传统的专室局限性比较大,空间不足,一般都是以单一的某一领域为主要学习形式创设的活动场地。而我园蚕桑资源专室一体化区域是对环境的有效整合,呈现了资源的多样化、互动性和关联性等特点。蚕桑实习场有专门的柜台、摆台,上面有鲜活的蚕桑物品;墙面有蚕桑物品设计的挂饰、吊饰、空间隔断;柜子里有茧、桑、丝等多形式的自然材料……蚕桑资源专室一体化区域在环境创设和区域规划上弥补了以往专室的局限性,给予幼儿充分的活动支持,较好地提高了区域的使用率。

3. 形成区域之间的联动

区域联动是指打破原先规划好的区域界线,幼儿根据自己的需求选择游戏和活动的区域,是实现幼儿自主游戏的重要手段之一。由于蚕桑资源专室区域设置的内容较多,幼儿可以根据需要参与和选择不同的区域游戏,通过师幼联动、幼幼互动等方式,促进幼儿各方面能力的有效发展。在区域游戏联动现场,教师看到幼儿积极地、主动地投入游戏中,那是幼儿真正喜悦和发自内心的感受和行为。当然,区域的联动还表现在材料的相互联系上。在养蚕室里,幼儿在饲养蚕宝宝的过程中可以观察蚕宝宝一生的变化,还可以定期帮蚕宝宝清理,清理出来的蚕沙可以为种植园里的植物堆肥,还可以放在自然角作为展示品供幼儿观察与操作,甚至还可以生发出蚕沙保存方法的主题探究活动。

(三)实现课题建设,蚕桑课程体系赋予园本特色

我园地处于蚕桑文化历史悠久的震泽古镇,在新型产业与文化背景下,我园结合幼儿发展的需要,依托蚕桑资源进行课题的研究,以课题研究为切入点进行蚕桑资源课程化的建设。

1. 以课题研究带动蚕桑资源课程化建设

我园立足于课题研究带动蚕桑资源课程化的建设。"十二五"省级课题《文化传承:古镇幼儿园微型课程的案例研究》中就以古镇文化为内容,蚕桑是作为其中的一个主题篇章进行研究的。在"十三五"课题中,我园则以蚕桑资源为研究内容进行了深入研究。近年来,随着新园的搬迁,我园蚕桑资源课程化在努力建设的过程中,注重以幼儿的学习发展需求为目的,以专室的开发与建设为路径,从而提高专室的利用率。蚕桑资源专室的创建及专室活动的开发也是我园"十三五"课题研究中的重要内容。

2. 以创新研究发挥蚕桑资源专室作用

蚕桑资源专室的开发与建设是教师与幼儿共同完成的,在这样的活动中,教师抛开了传统专室的使用模式,更多地关注幼儿活动的过程,以及教师引导、支持幼儿学习的过程。首先,教师根据幼儿与环境、材料、设施设备

互动情况，了解幼儿当前的情绪、状态及学习能力等，从而判断幼儿的学习行为，从中给予适宜性的支持和帮助。其次，专室还能激发幼儿与教师的互动，在师幼互动的过程中，更好地提升教师对幼儿的指导能力，促进幼儿的学习与发展。幼儿在探索中会有自己的发现，他也会对老师表达自己的需求，从而增强互动。当然，专用室的创设更离不开教师的设计和思考，从专业的角度去分析当下幼儿的需求，对高效进行蚕桑资源课程化的建设会有实质性帮助。

二、蚕桑资源专室的种类

我园蚕桑资源专室的创建是以促进幼儿的全面发展为目的的，在蚕桑内容的活动场地中，幼儿通过游戏的形式，不断体验、操作和实践，获得知识经验，从而提高蚕桑资源专室的使用效率。我园蚕桑资源专室的使用伴随着蚕桑主题背景下蚕桑活动的开始。随着幼儿、教师、幼儿园园所及教育的需求不断变化，我园自2019年新园搬迁以来，延续着前课题的研究，继续开设了蚕桑资源专室。通过两年多来对蚕桑资源的收集、整理、开发和利用，我园已经探索出了一系列蚕桑资源课程化建设的路径，蚕桑资源专室的开发利用就是其中的一条实施路径。目前，我园蚕桑资源专室主要以实习场为路径，主要包括蚕桑资源专室、走廊、公共区域等。

蚕桑实习场是指为提升幼儿各领域关键经验而创设的蚕桑真实学习情境，包括真实实习场，太湖雪蚕桑文化园、丝创园、蚕丝被加工厂等；拟真实习场，桑园、养蚕室、茧艺工坊、蚕桑文化体验馆、蚕桑特色廊、蚕丝被展示厅等。蚕桑实习场开发旨在创设丰富真实、分层分类的蚕桑真实情境，以幼儿的兴趣为基点，以问题为导向，让幼儿在直接感知、实际操作、亲身体验中获得经验的积累。这既是幼儿参与活动的一种形式，也是使幼儿获得经验的一种实施路径，蚕桑实习场创设是我园探索蚕桑资源专室活动实践的重要部分。

（一）养蚕室

养蚕室是农户养殖蚕宝宝的地方，以一个房间为主，农户一般称之为"蚕房"，它按照蚕宝宝生长过程所需条件、要求进行布置，目的是让蚕完成从孵卵到上山结茧的全过程,并且让农户得到收益。

幼儿园养蚕室是指供给幼儿观察、饲养、照顾蚕宝宝而创设的养蚕专室,一般参照养蚕的基本要求进行设置,目的在于让幼儿在特定的区域中通过亲身饲养蚕宝宝提升蚕的经验。我园将专门用于饲养蚕宝宝的教室称为养蚕室,它也是我园基于蚕桑资源的专室之一。目前,幼儿园养蚕室创设是以幼儿为主体,经过教师和幼儿一次次的商议,最终确定选址和规划的。

1. 养蚕室的搬迁

为了让幼儿能够亲自饲养蚕宝宝,必须要有一间"蚕房",幼儿只有在亲身经历的事件中,才能更好地学习与发展。建园之初,我园就进行了养蚕室的地规。当时为了方便和就近,养蚕室是被安排在教学楼西面一个小型集装箱里,因为此处正好临近桑树林,如图7-1所示。但经过几轮的蚕宝宝饲养活动后,幼儿发现饲养的蚕宝宝总是出现生病、死亡等现象,无法顺利结茧。后来,经过教师和幼儿的共同研究,发现养蚕需要考虑当地的气候特点、采光、养蚕设备条件等较多的因素。于是,教师和幼儿一起生发了关于养蚕室的项目活动,主要包括养蚕室的选址、养蚕室工具的选购及养蚕室的规划等活动。也就是在这样的情况下,我园一楼教师办公室改建的养蚕专用室诞生了,如图7-2所示。此次养蚕室的搬迁,说明专业的养蚕技术指导和良好的环境设施是开展专室活动的第一步,也体现了教师和幼儿在专室建设中的思考和探究意识。

图7-1 原蚕养蚕旧址

图7-2 养蚕室新址

2. 养蚕室大改造

专室的开发包含了专室区域的设置,这些区域设置可以是多样化的、多层次的,也可以是多个维度的。在养蚕室搬迁后,教师和幼儿一起商量规划养蚕室的环境。首先,进行养蚕工具的选择。教师组织幼儿讨论,养蚕需要哪些工具。通过调查,幼儿列出了所需物品的清单,饲养蚕宝宝的架子、采摘和存放桑叶的箩筐、蚕网及蚕种。随着后期饲养活动的开展,幼儿发现需要添置一些操作的桌子和椅子,用以观察和记录使用。其次,进行养蚕室的区域规划。通过与幼儿的商讨,教师和幼儿对整个养蚕室环境进行了区域的划分,主要分为饲养区、储叶区、上山区、展示区、操作区、休闲区等。合理的区域规划,让整个养蚕室的活动变得生动、有趣,而且能够有效地激发幼儿的求知欲。最后,进行操作材料的增加。合理多元化的区域设置让幼儿的活动变得愈加丰富,随之而来的是教师需要根据幼儿兴趣不断增加和调整操作的材料。如观察蚕宝宝的放大镜、记录的纸笔、用于收集所需材料的收集箱、饲养时候需要的蚕具,如鹅毛、小竹筷、小镊子等,如图7-3所示。环境的改造和材料的增减,无疑融入了教师的思考,更是幼儿在真实活动中不断完善养蚕室的有利途径。

图7-3 养蚕室操作材料

（二）走廊蚕桑实习场

就地理位置来说，我园三幢教学楼南北依次横向排列，并由走廊贯穿前后。走廊由南至北约长四百米，放眼望去走廊区域笔直宽广，连接教室走廊转角有形，墙面干净利落，是打造和开发专用实习场的良好平台。所以，我园将得天独厚的走廊资源运用起来，打造成走廊蚕桑实习场，教师与幼儿共同设计，打造独特蚕桑文化特色的同时拓展了幼儿活动的空间。

以一楼蚕桑特色廊为例，我园开辟了蚕桑体验操作区，并进行了区域场地的划分。按照幼儿的需要和可能发生的活动，由南至北依次划分为雨辰布艺、雨辰制衣、雨辰染房、雨辰秀场、雨辰线展、雨辰缫丝、雨辰茧艺、雨辰农耕、雨辰美食、"蚕桑礼品领取处"等。走廊的尽头是我园合作的蚕桑教育基地——太湖雪蚕桑园共同布置和打造的展示区域，包括礼盒包装、丝绵被、丝巾等展示品。从外观设计出发，十大区域与整条走廊遥相呼应，从头到尾串成了蚕桑资源系列活动。这些活动始终贯穿幼儿的体验、实践、操作和展示等全过程，充分突显出走廊实习场在幼儿活动游戏中的主体地位。

三、蚕桑专室开发与利用的基本原则

蚕桑资源专室的开发与利用不是随意的，而是在顺应幼儿的需要中不断推进的。蚕桑资源专室作为幼儿活动的场所，应该建立在蚕桑资源课程化建设的基础上，以幼儿为主，应该具有科学性和适宜性。所以，在蚕桑专室开发的过程中，我园遵循了多元化、适宜性、本土化的基本原则。

（一）多元化原则

传统专室在内容选择上比较局限和单一，难免会出现千篇一律、一成不变的现象，但是我园对蚕桑资源的开发与利用的途径是多元化的，这就决定了蚕桑专室的开发与利用也是多元化的。蚕桑资源专室根据蚕桑资源内容、专室环境创设、使用制度、教师指导策略和幼儿游戏情况等制定合适的开发原则，旨在让蚕桑资源专室的游戏内容呈现多样化，让幼儿通过感觉、知觉、触觉、视觉等多通道获取多元的经验。

1. 多元化的资源内容

蚕桑资源是蚕桑资源专室创建的重要载体，它的有效开发直接影响蚕桑资源专室的建设。我园在蚕桑资源收集的过程中，特别注重资源的多元化，避免资源的单调与重复，最大限度地满足幼儿的需要。

蚕桑资源有着深厚的乡土文化底蕴，所以，我园首先将蚕桑资源按照文化进行分类，主要包括物质文化资源和非物质文化资源两大类。物质文化资源主要包括民间文学、传统节日、传统手艺等，如与蚕有关的民间故事"嫘祖养蚕的故事""祭祀蚕神——阿巧养蚕"等；传统手艺可以体现在服饰中，如蚕花娘娘服饰等。非物质文化资源主要包括抽丝、剥茧、拉棉、绕柴龙等，这些是蚕桑养殖过程中非物质文化传承形式的具体表现。抽丝即利用抽丝机将蚕茧上的丝完整地抽出来；剥茧则是将蚕茧煮开后，整个蚕茧拉成网状固定在棉兜上；柴龙则是蚕宝宝上山结茧时需要的一个辅助工具。同时，我园将非物质文化资源的开发与利用增加了一些民间技艺，如蚕茧画、蚕茧花制作等。由此可见，我园以蚕桑资源为媒介，以多元化的手段挖掘蚕桑资源的内容，形成多样化的开发策略，此举为设计具有蚕桑资源专室特色活动提供了有利条件，也为蚕桑资源专室建设有效凸显其蚕桑文化做好了铺垫。

2. 多元化的使用制度

为了提升蚕桑资源专室的使用效率，我园从教师、幼儿及使用方法等方面都提出了在蚕桑资源专室进行活动的注意点和要求，从而形成了一套适宜性较强的蚕桑资源专室使用制度。蚕桑资源专室开发的最终目标指向于幼儿，所以在使用制度上，我园跟随幼儿活动的需要，及时进行调整，不局限固定规则。

基于蚕桑资源专室的位置固定、区域划分清晰的现状，我园尝试通过制定规则、明确使用规则、时间限定等多种方法提高专室的使用频率，并确保蚕桑资源专室的使用制度化。第一，安排自主预约。为满足所有幼儿以及班级的需要，全园使用统一的蚕桑资源专室预约表，通过班级的预约，班级错峰去蚕桑资源专室观察和学习，从而提高蚕桑资源专室的使用效率。预约的主要时间段为上午10∶00—11∶00，下午时间为2∶30—3∶30。第二，合理进行碎片化时间开放利用。在幼儿一日生活中有很多碎片化的时间,比如来园、户外活动、散步时间等,这些时间与蚕桑资源专室预约时间刚好错峰,蚕桑资源专室处于空余状态,教师可以利用这些不固定的碎片化时间带领幼儿进入蚕桑资源专室进行活动。第三,进行弹性时间的错峰活动。弹性时间是根据我园的实际情况制定的,以班级为主体,班级可结合幼儿学习的需要自主进行蚕桑资源专室弹性时间的安排,但是要注意避免与自主预约的班级活动发生冲突。

3. 多元化的指导策略

教师的指导策略是指在蚕桑资源专室活动中,教师通过观察、分析幼儿在专室活动中的学习行为、过程,以专业水平介入促使幼儿获得经验、提升效率的方法。幼儿的成长离不开教师,蚕桑资源专室的探究更注重于教师与幼儿的双向互动,有效的师幼互动是支持幼儿发展的重要途径。

幼儿多元化操作活动极大丰富了蚕桑资源专室的活动内容,这也促进了教师多元化指导策略的产生。陶行知先生说过:"活的人才教育,不是灌输知识,而是将开发文化宝库的钥匙,尽我们知道的交给学生"[1]在行知理论的指引下,我园提出了多元化的指导策略。第一,问题策略。在蚕桑专室活动中,首先关注幼儿,教师应该退后,关注幼儿在活动中发现的问题,以问题和需要为教学活动开展的依据。问题指导策略能够让教师更好地开展蚕桑教学活动,将幼儿的学习推向更深的层次。第二,情境策略。在蚕桑资源专室活动中,教师可以创设真实的学习情境,如在养蚕室中,在讨论如何给蚕宝宝上山的时候,教师可以和幼儿一起利用蚕桑资源专室内蚕宝宝上山结茧的工具,甚至是幼儿自己寻找到的工具进行大胆尝试,从而了解不同的工具对蚕宝宝上山的影响。第三,角色策略。教师可以指导幼儿进行不同角色的体验,通过角色身份的切换达到不同角色的体验效果。如养蚕人——饲养照顾蚕宝宝,设计师——进行茧子的创意制作,工程师——组建抽丝机时候、修理养蚕工具等。

---

[1] 陶行知. 陶行知教育箴言 [M] 哈尔滨:哈尔滨出版社,2011(8):102.

我园在蚕桑资源专室中开发的课程内容是丰富的，教学形式是多种多样的，所以，教师的指导策略也必然是多元化的。多元化的指导策略，不仅让幼儿获得了多元化的实践和操作机会，而且让教师获得了指导幼儿多元学习的能力。

（二）适宜性原则

适宜性是特指在幼儿园阶段所实施的教育活动的目标、教学过程中开展的各项活动、环境、材料等都应符合幼儿的身心发展特点，符合幼儿当前的发展需要，支持幼儿的学习与发展。蚕桑资源专室的有效创建就是为了儿童的适宜性发展，主要指蚕桑资源目标与教育方法要符合幼儿身心的发展特点，利用蚕桑资源创设的环境能够引发幼儿生成新的蚕桑活动。

1. 确立适宜的蚕桑资源目标

我园蚕桑资源专室是体现蚕桑教育特色的一个专用教室，开放式的活动、游戏、课程有助于培养幼儿德、智、体、美、劳的全面发展。如养蚕活动中，幼儿通过自己采摘桑叶、喂养蚕宝宝，可以培养劳动意识和责任感；在照顾蚕宝宝过程中，蚕宝宝会出现生病、死亡等现象，幼儿会产生怜惜之心，从中可以培养幼儿敬畏生命、同情等情感。饲养中，幼儿利用各种工具学习测量、记录蚕宝宝的变化，从中可以培养幼儿的观察能力、思考能力及解决问题的能力。由此可见，蚕桑资源专室对幼儿的发展具有独特的教育功能。适宜的蚕桑资源目标确立能够助推适宜的蚕桑活动的有效开展，能够促进幼儿的发展。在制定蚕桑资源目标的过程中，教师对技能目标、知识目标、情感目标三者进行了全方位考虑，且根据小中大三个年级不同的幼儿学习与发展特点进行制定，目标上力求做到层次性、递进性和持续性。如在"你好，蚕宝宝"这一主题活动中，针对同一蚕桑资源，不同年龄段的目标是不同的。小班，教师只需要让幼儿知道蚕宝宝的名字，发现蚕宝宝是软软等外形特性；中班，教师要给幼儿自主饲养蚕宝宝的机会，让幼儿在饲养的过程中学会观察蚕在一生中的变化以及生长的过程；大班，教师要鼓励幼儿自己去探索和发现蚕宝宝的秘密，如发现蚕宝宝的结构、器官的作用等，并能够将蚕与人们的生活进行联系。由此可见，蚕桑资源目标的制定决定着蚕桑活动的设计，也决定着蚕桑资源课程化建设的走向。

2. 探究适宜的蚕桑活动路径

教育方法是多种多样的,不同的教育方法是为了满足不同个体的需要。为了有效推进蚕桑资源专室的开发与利用,我园在蚕桑活动实施的路径上下功夫,力求做到路径的多样化。第一,参观法。教师带幼儿参观养蚕室,观察蚕宝宝在吃桑叶、休眠、吐丝、结茧等不同时期的形态,在直截了当的观察中发现蚕宝宝的变化。第二,练习法。练习法是在蚕桑专室中运用较多的一种方法。如直接让幼儿饲养蚕宝宝,给蚕宝宝准备所需要的物品等,通过实践喂养的练习帮助幼儿获得更多学习的经验。第三,探究法。相对于教室的区域游戏而言,专室活动更能满足幼儿在喂养蚕宝宝方面的探索欲望。所以,在蚕桑资源专室活动中,教师和幼儿一起创设了养蚕区、操作体验区、观察区等不同的区域,让幼儿自主地区探究蚕宝宝的各种秘密。

在蚕桑资源专室的创设过程中,我园的根本目的是让每一位幼儿能够在原有的基础上得到全面发展,所以,我园积极开发适宜性原则,突出发挥蚕桑资源专室的教育功能,确保幼儿在蚕桑资源专室得到学习与发展。

(三)本土化原则

本土化是指向于特质、视角、精神和意识上的一种本土的特点。在我园蚕桑专室创设中,将蚕桑资源自身的特征以及蚕桑资源中传统文化的精华,在教育过程中融入和体现,以达到体现震泽古镇蚕桑的特点。蚕桑资源专室的本土性原则主要体现在资源、氛围和活动这三方面。

1. 收集本土蚕桑资源

蚕桑资源是蚕桑文化中特有的资源,是我园蚕桑资源专室创设的重要教育载体。在蚕桑资源专室的区域创设中,教师和幼儿一起收集和整理相关的蚕桑资源,力求做到蚕桑资源的本土化。如蚕花节中有趣的蚕花游戏、蚕花娘娘的传说故事、养蚕时候的风俗习惯,民间儿歌等资源的收集。我园还将具有丰富经验的爷爷奶奶请进来给幼儿讲蚕花娘娘的故事,为幼儿搭建直观、丰富的学习平台,真正做到本土化资源的共享及学习。蚕桑资源专室作为教育资源的一种,其根本目的是让幼儿在专室这一特殊的环境中得到多方位能力的发展。这也要求我园在现有的蚕桑资源中,积极开发,突出蚕桑资源的本土化,确保幼儿在蚕桑资源专室中激发幼儿对震泽家乡的热爱之情。

2. 营造本土蚕桑氛围

环境建设是营造蚕桑资源专室氛围的有效途径。我园在研究蚕桑资源专室氛围的营造方面有自己的独到见解。首先，人文气息的融入。我园对震泽古镇蚕桑资源中的历史、人文和传统风俗进行剖析，将丰富的人文气息融入环境中。如二十四节气与养蚕的关系，通过图文的形式将内容呈现在环境中。其次，蚕桑物件的摆放。在蚕桑资源专室摆放具有本土蚕桑氛围特点的"老物件"是营造本土氛围的一个有效举措。这些老物件是老一辈人在传统养蚕过程中需要的物品。如老旧的可以穿插四个蚕扁的蚕架、蚕宝宝结茧的柴龙等。最后，三位一体机制的确立。幼儿、家长、幼儿园都是蚕桑资源专室创设的主体，我园建立了三位一体环境创设机制，让三方都参与到环境创建中，共同创设具有本土化氛围的蚕桑资源专室。由此可见，我园在利用蚕桑资源营造氛围时充分考虑了其本土化，本土的蚕桑人文气息、本土的蚕桑物件及本土的蚕桑人员共同营造了蚕桑资源专室的本土化氛围。

3. 开发本土蚕桑活动

蚕桑资源是从震泽古镇的现实生活中充分挖掘出来的教育资源，它是促进幼儿园开展丰富的蚕桑活动的有力保障。我园教师具有非常专业的资源开发能力，能够利用收集到的蚕桑资源进行专业化的设计，将蚕桑资源转化成蚕桑活动。如在蚕桑民间故事的设计中，我园教师将蚕桑文化与语言活动进行有机融合，为幼儿呈现了"嫘祖养蚕的故事""祭祀蚕神——阿巧养蚕"等民间故事传说，让幼儿在欣赏故事、复述故事、表演故事的过程中感受蚕桑文化的悠久历史和深厚的文化底蕴。同时，教师利用民间故事让幼儿感知震泽古镇蚕桑文化的代表人物——蚕花娘娘，如蚕花娘娘是什么样的？蚕花娘娘是谁？她做了一些什么事情呢？她有什么地方是值得大家学习的？这一系列直截了当的感知活动让幼儿将蚕与人进行有效的链接，从而为后期的蚕与人们生活活动设计做好了铺垫。可见，我园利用蚕桑资源有效实现了从资源到活动的全过程，这也是开发本土化蚕桑活动的一个有效途径。

四、蚕桑资源专室活动探索

(一) 拓展专室活动方式

蚕桑资源专室活动是依托了蚕桑资源转化的各类活动的开展而产生的。我园将蚕桑资源运用于专室活动当中，利用蚕桑资源启迪幼儿的智慧，让幼儿在蚕桑资源专室的探索中体验成长的乐趣，这也给我园蚕桑资源专室活动带来了新突破。

在蚕桑资源专室初步尝试阶段，教师通过对幼儿游戏行为的观察发现，当只有同一年龄段的幼儿参与游戏活动时，幼儿的思维比较局限，游戏的创新意识不容出现。面对专室的探索中出现的问题，我园组织教师进行讨论以便找到更好的方法。在"以幼儿为本"理念的推动下，教师一致认为在遵循幼儿学习发展的规律性的基础上，专注打造适宜幼儿整体性、全面性、发展性的蚕桑资源专室活动，提出了进行混班活动、亲子活动和融合活动等新形式的活动方式。

1. 混班活动

《3~6岁幼儿学习与发展指南》中指出教师在组织幼儿活动的时候，可以不受时间、空间等限制，打破常规活动。所以，我园大胆地提出了混班活动的实践模式。混班主要指不同年龄、不同班级的幼儿混合在一起进行活动。可见，我园的蚕桑资源专室可以不受年龄、班级、年级的限制，幼儿集合在一起探索、活动。

首先，循序渐进，活动容量逐步扩大。我园的蚕桑资源专室空间较大，可开展的活动较多，教师可以问题为契机，尝试让混班幼儿以恰当的时机逐步参与活动。在一次养蚕专室活动中，大一班幼儿来到了养蚕室，几位幼儿在研究制作方簇格，可是，在纸条相互交叉固定的环节中，他们出现了问题。当教师观察到活动无法深入推进、幼儿马上要失去信心的时候，想到了大二班的幼儿前期开展过这个活动，肯定是有一定经验的，所以，马上邀请了大二班幼儿参与。在大二班幼儿的参与下，活动情况就有所改变了。有的幼儿用皮尺测量比较方格的长短，以确保每个方格之间的数据相等；有的幼儿动手能力较好，在测量后开始做标记、裁剪，如图7-4所示；有的幼儿耐心比较好,在整个过程中不断地观察学习。混班活动中,教师发现不同班级的幼儿由于能力不同,在活动中的表现也会不同,当进行混班学习时,幼儿之间能做到分工有序,层层推进。他们更加容易通过表达与交流,迸发出发散性的思维,推动游戏的开展。

其次,以大带小,以混龄方式交叉进行。我园的幼儿都具有一定的蚕桑经验,他们认识蚕宝宝,能够了解饲养蚕宝宝的基本条件,有饲养的经验。但是,小班幼儿在这方面的经验相对较少,所以,小班的教师一般会采用以大带小的方法帮助幼儿学会自由、自主地去探索蚕宝宝的秘密。在养蚕室组织幼儿观察蚕宝宝外形特征的时候,小班教师会邀请中大班的幼儿一起参与。因为中大班的幼儿在观察蚕宝宝之后,会通过测量、绘画等方式记录蚕宝宝的特征。这个过程就是在帮助小班幼儿获得自我探索的新方法的过程。可见,以大带小的活动模式,就是能力弱的幼儿主动向能力强的幼儿学习的一种有效方法,不仅让幼儿学习了养蚕的科学知识,更重要的是幼儿之间收获了友谊、快乐、合作、成长。

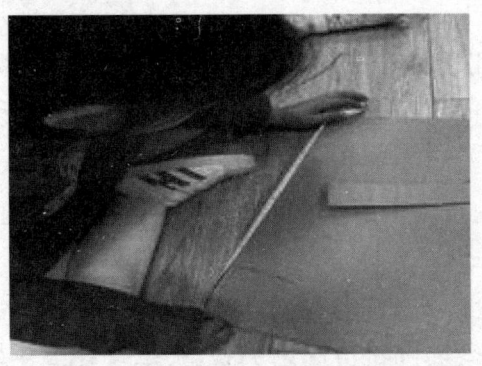

图7-4　大一班制作方簇格

2. 亲子活动

亲子活动就是发生在父母与幼儿之间的特殊活动,在我园开展蚕桑资源专室活动中,亲子的活动就是指父母、爷爷奶奶、有蚕桑经验的叔叔阿姨等长辈与幼儿共同开展的蚕桑的活动。如桑葚的采摘能够让幼儿感受桑树的不同种类、外形以及桑树种植、采摘方法。但是,由于我园桑树园里种植较多的是云南火桑,这种桑树高大,非常不利于幼儿采摘桑葚。所以,教师邀请家长的加入,开展亲子采摘桑葚活动。由于家长的介入,我园的亲子采摘桑葚活动变得非常有趣,有的家长与幼儿合作搬梯子、圆筒等户外材料搭建稳固的架子达到采摘的目的;有的家长直接爬上桑树与幼儿合作进行采摘桑葚;还有的家长借助竹竿、镰刀等工具,制作采摘桑葚的"长手臂"进行采摘。由此可见,亲子活动是蚕桑资源专室的主要活动形式之一,不仅增加了亲子之间的情感,而且拓展了幼儿学习的固有模式,让蚕桑活动变得更加生动、有趣。

3. 融合活动

每一位幼儿都是一个特殊的个体,个人如果离开了团体,终将脱离团队。在蚕桑资源专室活动中,我园采取了融合教育的形式。融合教育是通过专室的环境和教学方法让不同特质的幼儿适应学习,让特殊儿童也能够在专室中学习,并获得相应的发展。所以,在蚕桑资源专室活动中,我园在开展过程中放慢步伐,针对有学习障碍、发育迟缓、自闭症等幼儿的不同特点去设定不同的学习目标,以合作学习、合作小组等方式让每一位幼儿适应学习。班级中有一位叫小宸的幼儿,据他妈妈说,他有轻微的自闭症倾向,会沉浸在自己的世界中,不和同伴沟通,和妈妈交流也只会用单个字来表述想法。对于自闭症的患儿来说,教师只有早发现、早干预,才能帮助他们逐步走出自己的世界。在一次专室活动探索中,教师发现他上前用手摸了摸蚕宝宝,但又马上缩了回来,眼睛却一直看着蚕宝宝。从他的动作、神情中教师发现他对蚕宝宝有一定的兴趣,说明他对外界事物是有反应的。于是教师鼓励语言表达能力较强且有一定社交技能的幼儿与他一组,通过同伴间相互合作学习的方式,带着他一起活动。渐渐的,教师发现,小宸能轻轻抓起一条蚕宝宝放在手里,还能时不时地看看同伴,有眼神的交流。专室的融合活动探究就是幼儿园给予这些有着特殊需要的儿童的特殊照顾,借助场地区域资源的优势,发挥延续园本课程的作用,让每一位幼儿更好地学习与发展。

教育教学的有效开展与实施已成为幼儿园本课程中一个重要的内容。掌握科学的教学方法,开展适宜的教学活动是园所特色教育个性化的实践和探索。在蚕桑资源专室创建过程中，我园尝试并收获了以上几种专室下的教学活动方法与形式，这些教学活动的开展有利于更好地促进专室的发展与建设。

（二）开展专室课程活动

课程活动是有目的、有计划地引导幼儿学习与发展的主要形式之一。蚕桑资源专室活动课程更主要的是借助于专室的平台，利用蚕桑资源培养幼儿自主发现问题、解决问题的能力，利用亲身经历、学习过程等，充分给予幼儿自由与自主，按照幼儿的需求和意愿选择和进行游戏活动，让幼儿在自己的探索方式中学习发展。我园的蚕桑资源专室依托幼儿的需求和活动的开展，主要通过项目活动和主题活动两种形式建构蚕桑资源专室课程。

1. 项目活动

项目活动是幼儿园在蚕桑资源课程化建设过程中，在蚕桑资源专室这一特定环境下进行课程活动建设的主要途径。项目活动中，针对幼儿对蚕桑活动中产生的"问题""话题"或者是感兴趣的点，教师进行细致观察，了解幼儿的需求，引导幼儿围绕一个集中话题展开探究。项目活动主要以小组为单位的方式进行，根据问题、兴趣等幼儿所需开展活动，尽情展现出幼儿为主、教师为辅的儿童观和教育观。在蚕桑资源专室活动中，教师主要通过专室项目实施内容、实施策略、发展评价这三个维度展开。

（1）专室专项，立足发现多样化蚕桑内容

专室项目活动是幼儿自由探索的活动，和教学活动相比有区别又有联系。专室项目活动是在教师预设的前提下产生的，更加注重幼儿的自由探索，以多样化的形式丰富幼儿的探究。教师作为幼儿学习活动中的引导者，承担着对活动、资源、教学方式的考察和引导作用。

第一，同一资源的多维度开发。在桑叶探索活动中，教师通过课程审议的方式发现桑叶的用途很多，可以做桑叶面具、桑叶压花、桑叶捣汁、桑叶项链、桑叶首饰、桑叶哨子、桑叶茶、桑叶拓印等。于是，针对幼儿对桑叶的探究兴趣，教师和幼儿共同生成了专项活动"桑叶本领大"，此活动主要围绕桑叶，整个活动持续了三周。基于幼儿兴趣的专项活动充分体现了我园以幼儿为本的教育理念,它的深入开展一方面有利于同一资源的多维度开发,真正做到资源的深度挖掘,另一方面有利于满足幼儿学习与探究的需要,真正做到以资源促进幼儿发展的目的。

第二,同一资源的典型性开发。典型性开发主要是指突破该资源的常规领域探究,将其典型性的特点通过某一领域的设计开发生成有创意的活动。茧子在蚕桑资源专室的活动中一般被用于艺术创作,如茧花制作、茧子创意画等。但是,在一次关于不倒翁的科学活动中,幼儿把茧子这个材料也引入其中。于是,一个关于"蚕茧站起来"的专项活动诞生了。关于如何让蚕茧站起来这一问题,幼儿展开了讨论,设计调查表、寻找适宜的材料帮助蚕茧站起来。活动中,幼儿再次回归到生活,寻找生活中那些需要支撑点站起来的物品。这一以茧子为主要内容、以站起来为典型的特征的项目活动激发了幼儿学习活动中的兴趣,由此可知,抓住幼儿兴趣点开展相关活动,会达到事半功倍的效果。

蚕桑资源专室项目活动的开展不仅丰富了专室的活动内容,有助于幼儿进行持久性的探索,而且为幼儿发现问题、解决问题的能力提升提供了有利平台。

(2)专项策略,蚕桑资源与课程整合

根据蚕桑资源专室功能的特点及项目活动开展的情况,我园主张将资源与课程进行整合,强调幼儿要主动参与项目活动,侧重培养幼儿的探索与获取知识的能力。

首先,筛选有意义的问题,支持幼儿在探索中的行为。针对蚕桑资源专室活动中项目活动实施过程中的观察,幼儿产生了许多问题:如何照顾蚕宝宝?怎么样把蚕宝宝带回家?蚕宝宝一天吃多少桑叶?蚕宝宝的耳朵在哪里等。这些问题都是幼儿感兴趣的话题,在项目活动开展过程中如何判断这些问题产生的价值,对于这些问题能否推进幼儿的学习,教师需要进行价值判断。教师作为幼儿学习的引领者,在判断问题的可行性和价值性后,将选择权交给幼儿,幼儿自己探究问题。例如,教师将"用什么材料将蚕宝宝带回家饲养"的话题带进活动并组织实施。第二天来园时,幼儿带来了鞋盒、透明盒子、篮子、一次性纸杯、快递盒等,如图7-5所示。随着项目活动的推进,幼儿通过饲养获得更多关于蚕宝宝的活动和经验。项目活动的开展跟随着幼儿的问题而产生,教师应该第一时间将这样的活动引进课程中来,让幼儿在实际生活和经验中探索。

图 7-5　各类盒子

其次,以实地调查为导向,引发项目活动实施。实地调查是根据项目活动开展的特性决定的。项目活动是一个有着持续性特点的事件,在问题驱动下,幼儿对该活动产生兴趣,从而推动其在持续性探究中不断前行。实地调查能帮助幼儿解决活动中的问题,并获得更多经验。幼儿可以直接观察事物、调查表,或与家长、同伴、教师等有相关经验的人探讨来收集经验。在一次专室活动中,幼儿对蚕宝宝一天会产生多少大便产生了兴趣。幼儿有的说 100 粒,有的说 20 粒。于是教师鼓励幼儿用自己的办法解决。多多用画记录表的形式将问题画下来,准备回家请家长帮忙;婷婷则表示要问有养蚕经验的教师;铭铭则提议要将一条蚕宝宝养在透明的盒子里观察。在项目活动中,幼儿通过寻找、调查、运用周边资源去积极探索问题的答案,这个过程是一个完整的项目活动的开端。

最后,增减游戏材料,支持幼儿的探索活动。游戏材料是幼儿游戏的重要物质基础,材料的提供为幼儿的实践操作打下了基础,在项目活动开展过程中带来了更大的自主探究的空间。工具是材料资源的一种,在各种工具的使用过程中带动幼儿的技能。比如饲养蚕宝宝时候的工具,如鹅毛、防潮纸;测量蚕宝宝则会用使用到的卷尺、皮尺等;在进行缫丝、剥棉这些过程中会用到的缫丝机、棉环等。在幼儿的身边，每天都发生着很多的事情，而幼儿的需要和想法，带动了教师去观察和思考，也带动了全体幼儿的参与。关注幼儿的实际需要，满足幼儿们想要照顾蚕宝宝的初心，我园以此为教育契机，组织幼儿进行材料的收集和整理，旨在帮助幼儿了解活动开展时需要的不同材料。以幼儿为中心，充分挖掘养蚕过程中的各种资源，结合游戏和教育内容，在循环往复中提高和促进幼儿的全面发展，提升教育质量。

项目活动是推动幼儿学习的有利途径，幼儿通过提出问题、探索调查、表征呈现、成果汇报等过程将学习发生和延续。项目活动的有效开展依赖于让幼儿在具体的情境和环境中去解决实际的问题，在蚕桑资源专室里，幼儿在亲身经历的养蚕过程中发现或急需了解关于蚕宝宝的知识是推动其学习的有利点。所以说在专室的开发过程中，项目活动起到了很好的辅助功效，让专室的功能性随着项目活动的推进和延续而变得更加深入。

（3）专项评价，使专室活动有转变

评价能够及时帮助幼儿调整活动中的行为，及时调整课程的设置，最终促进幼儿的发展。教育评价作为提高教育质量的有效手段之一，是蚕桑资源专室活动开展必不可少的重要环节。所以，我园重点思考什么时候要评价、谁来评价、怎样进行评价等关键性的问题。第一，幼儿评价。我园幼儿的小椅子上有一个小口袋，里面放置幼儿的学习物品。项目活动中，教师会请幼儿用一个专门的 A4 文件袋进行收集整理，活动后，请幼儿翻看自己的调查表和实施过程中的记录表和反馈单，以此来回顾自己活动中情况。第二，教师评价。学习是一个日积月累的过程，教师要根据幼儿的表现和需求，给予幼儿足够的空间与时间，持续性地观察与分析幼儿的行为，有助于教师了解幼儿的行为，发现幼儿成长的轨迹，解读幼儿的有利的依据。在开展蚕桑学习的过程中，教师利用录像、录音、照片、简单记录、绘画、表格等多样化的形式记录了幼儿在此活动中的发展，在幼儿参与活动的痕迹中观察到了幼儿经验的脉络。不仅帮助教师更好地记录了幼儿的瞬间，也是为观察每一位幼儿做铺垫，跟着幼儿的学习轨迹有针对性地提高每位幼儿的深度学习。第三，家长评价。家长在幼儿的学习中起着至关重要的作用，是项目活动的直观评价。家长在与幼儿共同收集资料、获取信息时能直接观察到幼儿在专项活动中的状态，及时了解幼儿在该阶段的需要，读懂幼儿，还能弥补我园专项活动开展时候的不足，提供一定的参考。

全方位的评价是我园蚕桑资源专室建设的重要组成部分，它能帮助幼儿及时总结在活动中的学习情况，能有效地调整和改正教师的工作，并在家长评价的过程中，诊断专室建设中的问题和不足，为下一步专室建设工作提供可能。

2. 主题活动

主题活动指幼儿园在开展集体性的活动或交流学习时，围绕一个主题进行的系列活动。幼儿园教师必须要有幼儿主题活动开发的意识，将主题活动与蚕桑资源专室进行有效的融合。我园自开展专项活动室活动以来，教师对专室活动的研究与设计更加系统与深入，材料的利用也更加充分。所以，幼儿在专室中的活动越来越丰富。

第一，主题活动内容的确定。教师会通过年级组开展专室主题活动，在活动前的审议中预设并进行可行性分析。如在小班"桑树三宝"的活动中，年级组的教师一起集思广益，认真思考可能出现的相关专室的主题活动，在说说自己想法的同时，探索桑枝的各种用途。在周计划和备课的环节中，我园鼓励教师根据幼儿的需要和自主探索进行留白。

第二，主题活动的组织与实施。随着蚕桑资源专室活动区的不断丰富，幼儿活动的兴趣也被充分调动起来，教师根据幼儿的需求，结合幼儿已有经验和实际情况，以小组、个别和区域游戏等多种形式开展主题活动。在开展主题活动时，教师可以根据幼儿的学习特点进行，如观看视频、谈话活动、调查交流等。如在蚕桑资源专室活动中"丝之乐"主题活动中，教师带领幼儿参观缫丝厂、观看缫丝工人缫丝等。在实施主题活动时还要充分考虑途径的整合，如环境、区域、一日生活、家长工作等层面的整合。

目前，我园蚕桑资源专室的主题活动实施还处于不断完善的阶段，对于主题的确定和实施的路径，还需要更加突出以幼儿为本的教育理念，这样的专室主题活动才能够更加符合幼儿的需要。

（三）家长助力蚕桑资源专室活动

幼儿园蚕桑资源专室建设离不开家长资源的助力。幼儿园教师虽然在幼教领域非常专业，但对一些专业领域外的知识与技能掌握较少，特别是一些年轻教师对蚕宝宝养殖、蚕茧工艺方面的专业理论和技术缺乏，这也给我园蚕桑资源专室的建设与开发造成了一定的困难。为此，我园充分利用家长资源来解决这一问题。通过调查，我园发现家长在种桑养蚕、抽丝剥茧、拉棉制丝等方面有一定经验。一些家长曾是缫丝、拉丝棉被等民间作坊的职工，一些家长对养蚕专业技术十分精通，一些家长在制作蚕桑被、制作丝绸上有丰富的阅历，这些家长资源给我园蚕桑资源专室的创建提供了有力的帮助。有了家长资源，接下来如何利用家长资源助力蚕桑资源专室建设更为关键，我园认为传帮带是重要的手段之一。

传帮带在广义上是指前辈或者是老手对晚辈和新手在工作、学习、技术、经验等方面的传授和指导，在此特指有蚕桑技术的专业人员或者前辈对幼儿、教师和幼儿园给予有关经验、技术、方法的指导，其中包含种桑、养蚕、抽丝剥茧、拉棉制丝、蚕茧艺术等一系列蚕桑资源的开发，如图7-6所示。传帮带是一种传递经验与方法的重要手段，更是一种推动传统文化发展、促进优秀传统文化传承的有效途径。

图7-6　奶奶指导剥棉

良好的蚕桑氛围的营造是我园幼儿感受蚕桑文化的有效途径。蚕桑氛围的打造离不开幼儿与教师的合作，也离不开家长的助力。我园部分家长对蚕桑手工艺品制作颇有研究，如绘制创意蚕茧画、制作蚕茧花、烧制蚕茧香皂、加工蚕茧花香薰、美化蚕茧相框、手绘蚕茧扇子……这类蚕茧 DIY 的经验，不仅拓宽了幼儿对蚕茧用途的认知，更让幼儿感受到蚕茧一物多用的魅力。根据这一经验的启迪，教师将各行领域中的技术与蚕茧工艺进行融合，鼓励幼儿借助蚕茧进行天马行空的创想并创造出各种创意作品。在蚕桑文化氛围营造中，除了呈现幼儿的蚕茧创意作品，我园也将幼儿与家长合作完成的蚕茧作品通过展示台、墙面布置、吊饰等进行展示，在环境创设中呈现家园合作的痕迹供幼儿模仿学习。除此之外，我园也在活动区墙面上呈现亲子在园活动的照片，融洽的家园关系是营造良好氛围的基础，和谐的家园合作是稳定、健康氛围的凸显，它将引领幼儿在这个温馨和谐的蚕桑资源专室环境中敢想、敢说、敢做。

总之，蚕桑资源专室的开发与建设是园所建设的重要组成部分。在蚕桑资源专室开发的过程中，教师重视幼儿的发现、推动幼儿的成长、关注幼儿的变化。蚕桑资源专室是一个特殊的场地与平台，我园利用蚕桑专室的特殊性营造浓厚的养蚕摘茧氛围，在真实的蚕桑情境中不断推动幼儿的经验生长、在教师的引导中促进幼儿的深度学习、在家长的助力下推动幼儿的和谐发展。

第八章 基于蚕桑资源主题活动的探索与实践

幼儿园教育是启蒙教育的重要阶段,也承担着传承优秀传统文化的重要责任。我园在参考和借鉴现代幼儿教育理论后,发现园本活动设计与实施是幼儿了解传统文化的主要路径之一。蚕桑文化是震泽这座小镇传承千百年文化的名片,蚕桑业丰富了人们的生活,渗透到衣、食、住、行各个领域,形成了浩瀚多彩的蚕桑文化。在蚕桑文化中涉及了科学探索、传统艺术、繁育养殖、文明礼仪、节日庆典等。将蚕桑资源融入幼儿园活动,做到相互整合、相互渗透,生成基于蚕桑资源的主题活动。蚕桑资源主题活动的实施,不仅能让幼儿感受到家乡蚕桑文化的精神,而且能培养出身心健康、习惯良好、情感积极、传承创新的幸福儿童。

一、蚕桑资源主题活动的价值

蚕桑资源主题活动指的是教师以本地区蚕桑资源为主,根据幼儿学习的特点与方式,通过课程审议逐步形成的一系列教育教学活动。蚕桑资源可开展的活动是广泛而丰富的,我园根据各年龄段幼儿的能力特点和发展水平,围绕蚕的生命周期,梳理出适合各年龄段幼儿的蚕桑资源主题活动,以蚕桑资源主题活动取代从前散点式、不成体系的蚕桑活动。

（一）有利于幼儿经验发展的整体性

幼儿经验的发展具有整体性，蚕桑资源主题活动的开发实现了各年龄段幼儿关于蚕桑经验的连接与递进。小班幼儿以"桑树三宝"为主题，和桑叶、桑葚、桑枝做游戏，通带领幼儿参观蚕桑园、采摘桑叶、亲子采摘桑葚、制作桑葚糕等活动，了解桑树上桑叶、桑葚的特征及其用途等。到了中班，幼儿各方面能力有了明显提高，可以让幼儿开始养育蚕宝宝、走进"蚕的一生"。幼儿可以体验蚕宝宝从蚕卵、幼虫、成虫、吐丝、结茧最后变成蚕蛾的过程，了解蚕蛾再次产下蚕卵，感受生命的周而复始与蓬勃力量。大班阶段的幼儿，他们乐于发问也擅长动手操作，便开始一段"丝之乐"的旅途。让幼儿在参观缫丝厂、丝创园的过程中了解蚕丝的由来以及各种各样的丝织品与人们生活的关系。作为哥哥姐姐，他们积极筹备幼儿园里的蚕花节，开展丰富多彩的游园活动……相信通过小、中、大三个年龄段蚕桑资源系列主题活动，震幼的每一个"小蚕宝"心中都能种下一颗蚕桑文化的种子。

（二）有利于园本课程体系的丰富与完善

园本课程的建构是一个有目的、有计划的系统工程，课程体系的架构不是一蹴而就的，盲目进行课程开发或随意拼凑课程都是不可取的。为了使我园的课程更适合幼儿，我园近十年来一直在探索如何充分挖掘本镇资源，在《3～6岁儿童学习与发展指南》和《幼儿园教育指导纲要》的指导下将这些资源运用到我园的教育教学中，纳入我园的课程体系里。从2018年开始，我园引入专家资源对我园课程把脉问诊，在"幸福"课程体系下重点打造了蚕桑特色篇章，从而进一步丰富我园课程体系。经过三年的打磨，蚕桑资源主题活动已逐步完善。

二、蚕桑资源主题活动的内涵与特点

蚕桑主题活动包含人文精神和现实生活两方面的内涵，具有整合性、开放性、动态性的特点，不局限于传统意义上的教材和教具，努力把幼儿园变成幼儿学习的空间和场所，并发挥主题活动的辐射作用，建立幼儿园与家庭、社区之间双向沟通的纽带。

(一)蚕桑资源主题的内涵

蚕桑资源主题活动以幼儿的现实生活为基点,以震泽蚕桑资源,即家庭—社区—震泽—多元区域(中国、世界)为主线,收集、整理具有代表性的教育资源,对蚕桑资源进行筛选、改造、整合,以幼儿自主体验、尝试、探索、创造的形式,引导幼儿感受家乡蚕桑文化的丰富与优秀,围绕"人与自然""人与社会""人与自己"三大版块,为幼儿学会生活和学习打下基础,促进幼儿的全面发展和良好品质的形成。

(二)蚕桑资源主题的特点

不同年龄段的幼儿具有不同的兴趣爱好,教师在选择本地区的资源时要结合幼儿的年龄特点、兴趣爱好等对资源进行甄别、筛选。蚕桑资源课程化的建设须注意以下特点。

1. 整合性

整合是把零散的东西彼此衔接,从而形成有价值、有效率的一个整体。蚕桑资源主题活动是系统性的活动,各个活动之间相互作用和互相渗透。所以在实施蚕桑资源主题活动时,教师要学会从不同的角度进行切入,运用各种各样的方式、方法,发挥其整体效果。如蚕桑资源主题目标"通过饲养蚕宝宝的实践活动,认识蚕宝宝生命的过程,感受蚕宝宝的生命之美",实现这一目标的主题活动既要有生活中饲养蚕宝宝的实践活动,也要有学习、游戏中运用劳动的技能,如开展采摘桑叶、整理游戏材料等。围绕生活教育的主题目标,幼儿可以从各个角度体验养蚕、游戏活动带来的快乐,最终形成做力所能及的事情的自信心和初步的责任感。

2. 开放性

蚕桑资源主题活动是开放的,主题活动内容以幼儿生活、周围环境、幼儿兴趣和需要,以及主题活动的价值为背景,以幼儿园、家庭、社区、大自然等为幼儿的活动空间,活动方式、组织形式是开放的、多元的。如个别班级针对蚕桑主题开展"晨谈""说说我的发现"等活动,取得了良好的效果,逐步达到"好奇和探究自然""发展倾听与表达能力"等效果,最后"晨谈""说说我的发现"等活动纳入"亲近自然、发展表达"主题目标下的拓展活动。由此可见,蚕桑资源主题活动开放的目的是使活动内容能紧跟时代步伐,能紧随不同幼儿的需要,能更深入地实施培养目标。

3. 动态性

动态性是指蚕桑主题活动永远处于运动和发展过程的一种特性。我园的蚕桑资源主题活动在框架、内容、组织形式等方面都需要不断审议、调整、优化,以达到优秀传统文化与多元文化的有机融合。蚕桑资源主题活动的整合与开放,形成了具有动态性的蚕桑资源课程建设机制。园长作为课程建设的责任人,肩负制定课程实施方案、架构课程框架及把握课程方向的责任。而各年级组负责蚕桑资源的价值分析、链接儿童经验以及分析后期审议和反馈主题活动实施过程中的优点与不足,不断讨论、修改蚕桑资源主题活动方案,使蚕桑资源主题活动更符合幼儿的发展。

三、蚕桑资源主题活动的组织与实施

在蚕桑资源主题活动的组织与实施中,我园主要从蚕桑资源主题活动目标的制定、主题活动内容的选择、主题活动实施的策略、主题活动评价的方式四个方面进行深入的实践与探索。

(一)蚕桑资源主题活动目标的制定

蚕桑资源主题活动目标的制定要注意预设与生成的关系,把握当前与未来的关系,强调目标制定要具有发展性和可持续性,着眼于幼儿长远的发展,为幼儿后续和终生的学习提供可持续发展的动力,奠定可能的、必要的基础。

1. 把握预设和生成的关系

主题活动目标的预设与生成并不是对立的关系。我园在制定蚕桑资源主题活动目标时,本着"以幼儿发展为本"的理念,把握好预设和生成的关系,最大限度地追随幼儿的兴趣和需要,契合幼儿的生活经验。目标的关键词源于教师对于幼儿的了解,这些了解是对幼儿兴趣、需求、经验、情感、行为动作等的观察、理解、发现和支持。例如表 8-1 幼儿经验调查表所示,我们通过调查了解幼儿对于蚕的已有经验(K)和兴趣(W),并考察幼儿获取经验的媒介(H),预设可能获得的经验(L)。

表 8-1　幼儿经验调查表

主题： 蚕的一生	年龄段：中班
K（幼儿已经知道的）	1.知道蚕是白色的，身体是软软的 2.知道蚕喜欢吃桑叶 3.知道蚕蛾是由蚕变成的，蚕蛾会产出很多卵
W（幼儿想要知道的）	1.想知道养蚕需要哪些工具 2.想知道蚕"眠"的时候为什么仰起头 3.想知道蚕吐的丝有多长？蚕的身体有多长 4.想知道蚕是怎么把自己变成茧的？又是怎么变成蚕蛾的
H（幼儿怎样知道的）	幼儿园： 1.蚕桑实习场、养蚕室、蚕桑馆、雨辰蚕桑一条街、桑园等 2.班级自然角 3.有关蚕的图书、视频 家长：有经验的养蚕人家长、蚕桑园的工作人员等 社区：太湖雪蚕桑文化园、丝创园、辑里蚕丝被厂等
L（幼儿能够学习到的）	1.饲养蚕的过程中认识并学会运用各种养蚕的工具 2.通过观察了解到蚕在各个阶段的生长变化，通过询问他人、查看视频等方式了解蚕的秘密 3.能够用自然测量的方式来测量蚕宝宝，并能够将结果进行记录 4.能根据蚕茧的外形大胆想象，尝试用多种材料装饰蚕茧，体验茧子创意画的乐趣

在制定主题活动目标时，我园除了对孩子的经验进行梳理外，还要借助对《3～6岁儿童学习与发展指南》的细化与分解，去思考关于蚕"幼儿到底想要了解什么？""我们又能做什么？"。以表 8-2 为例，在制定中班主题"蚕的一生"的目标前，首先要对中班幼儿感兴趣的与蚕相关的活动进行价值分析，罗列出表格中的"幼儿在本主题中可能做的事"并分析其中"可渗透的学习与发展"，在此基础上初步形成"蚕的一生"主题活动目标。

表 8-2　关键经验一览表

幼儿可能做的事	可渗透的学习与发展	主题活动目标
幼儿可能会和同伴讨论蚕宝宝一生的变化，阅读蚕宝宝有关的书籍	在这个过程中，幼儿学着与别人一起讨论，敢在多人面前说话，会与伙伴、老师等一起谈论图书和故事的内容	1. 了解蚕的身体特征以及成长变化的过程 2. 喜欢阅读与蚕相关的图书，并与他人讨论与蚕相关的话题
幼儿可能会和同伴共同观察蚕宝宝的情况	在这个过程中，幼儿能感知和发现蚕的成长过程以及其成长的基本条件；能对不同阶段的蚕宝宝的形态等进行观察比较，发现其相同与不同	能对蚕宝宝各阶段的生长变化进行观察和比较，发现其变化特点
幼儿可能会和同伴谈论蚕宝宝的现象	在这个过程中，幼儿学习用连贯、基本完整的语言讲述自己看到的关于蚕宝宝的所见所闻和经历的事情	1. 能基本完整地讲述所观察到的蚕出现的变化 2. 喜欢接触一些与蚕宝宝有关的事物，经常问一些与蚕宝宝有关的问题
幼儿可能会绘画出蚕宝宝的外形以及其一生变化的图示	在这个过程中，幼儿学习用图画或其他符号记录与蚕宝宝相关的内容	1. 乐意用画画的方式表现自己观察到的蚕宝宝的外形特点 2. 学会画画或者简单符号记录下蚕的一些变化
幼儿有可能养蚕宝宝，喂养蚕宝宝、清理饲养蚕的蚕盒	在这个过程中，幼儿会去了解饲养蚕宝宝的方法，并尝试自己动手整理饲养器具、照料蚕宝宝	收集关于饲养蚕宝宝的方法，并学习照顾蚕宝宝

通过对关键经验的分析,我园形成了蚕桑资源主题活动的课程目标,能够更好地与这一年龄段幼儿的已有经验进行对接,促进幼儿的能力在原有基础上得到发展。

2. 注重当前与未来的关系

我国幼儿教育的目标是对幼儿实施体、智、德、美等方面全面发展的教育,促进其身心和谐发展。幼儿园要根据幼儿园教育的总目标,结合《指南》和《纲要》等纲领性文件制定适宜于本地区幼儿的发展目标。因此,我园在制定主题活动目标时不仅要考虑到幼儿现阶段的能力、态度、兴趣、情感等基本素质,以此制定短期目标,更应关注当前与未来的关系,即关注活动目标、主题目标、年龄段目标、幼儿发展总目标之间的联系。

我园基于蚕桑资源的课程化建设遵循的是体验探究、合作共生、传承创新、温润滋养的基本理念。基于此理念,我园制定了基于蚕桑资源主题活动的课程目标,结合幼儿的年龄特点,进一步制定各年龄段蚕桑资源主题活动目标。例如表8-3所示,我园结合《指南》三级目标以及三个年龄段主题的总目标,对中班"蚕的一生"主题活动目标进行更加系统的梳理。(表8-3)

表8-3 目标对应表

总目标	中班主题目标
1. 了解蚕宝宝的生命周期,知道蚕宝宝一生中有着不同的成长阶段,以及蚕宝宝在不同成长阶段的特点和习性 2. 呈现幼儿完整探究蚕宝宝的过程,养成自主探究、主动学习的良好品质 3. 认识茧、丝绸,能运用多种感官感知茧、丝绸的特点和作用,了解	1. 能通过简单的调查收集关于饲养蚕宝宝的方法,并学习照顾蚕宝宝 2. 了解蚕宝宝生长变化过程及其各阶段的身体特征 3. 能基本完整地讲述观察到的蚕的变化 4. 知道蚕和丝织品是震泽的标志 5. 初步了解蚕与人们生活的关系 6. 喜欢接触一些与蚕宝宝有关的事物,经常问一些与蚕宝宝有关的问题

续表

总目标	中班主题目标
茧—丝—丝绸的工艺程序 4. 在饲养蚕宝宝的过程中养成热爱生命、热爱动物、热爱大自然的情感 5. 增强幼儿对蚕桑文化的热情，增强其对家乡文化的认同感	7. 能对蚕宝宝各阶段进行观察比较,发现其相同与不同 8. 能通过一些简单的调查收集与蚕有关的信息,能够使用画图画或画符号的方式进行记录 9. 愿意运用绘画、手工制作、身体动作等方式表现自己观察到的蚕宝宝的特点

将主题目标与《指南》总目标对接的梳理,让我园教师清晰地了解了主题目标在各个领域所占的比重既有助于在横向上保证整个年龄段各个主题目标达到相对的均衡,同时也有助于让小、中、大三个年龄段的主题目标形成更好的衔接,避免经验的重复或者断层,让幼儿能够循序渐进的发展。

（二）蚕桑资源主题活动内容的选择

我园在规划蚕桑资源主题活动的内容时,教师要时刻关注幼儿的状态,根据幼儿的不同兴趣和需求,不断完善、优化、调整蚕桑资源各类活动的内容和形式,做到适宜性与可行性、整体性与发展性相结合。

1. 适宜性与可行性相容

适宜性是指内容上要选择符合幼儿的年龄特点、身心发展水平和学习特点的地域文化与幼儿园传统。可行性则是指向于目标的达成,内容的选择要发挥幼儿园、教师、家长及社区的优势。比如小班因年龄小、主动探究能力不足,因此,在选择蚕桑主题活动内容时比较倾向于幼儿在家和幼儿园能够时常接触的桑树,让小班幼儿能够在看一看、玩一玩、尝一尝的过程中感受桑叶、桑枝、桑葚的特点。反之,大班幼儿因探究能力相对比较强,具有较高的动手操作能力和探究能力,所以,大班的蚕桑资源主题活动以茧和丝为主。同时,大班幼儿的社会交往和规则意识都有所提升,他们也能够利用社区中更加丰富的资源开展各种项目活动。在内容的选择上充分考虑幼儿在年龄特点上的适宜性以及资源获取方面的可行性,在课程审议中能够快速地帮助教师将蚕桑资源进行筛选和分类,让主题活动内容的有效整合成为可能。

2. 整体性与发展性兼具

整体性是指内容选择上需要注意主题之间的横向连续与纵向递进。发展性原则要求主题内容需要具有丰富的教育价值,从而促进幼儿获得全面、和谐、有效的发展。在设计蚕桑资源主题活动内容时,要做到全方位考虑蚕桑资源主题活动内容的结构,做到横向结构的清晰平衡和纵向结构的有序衔接。在设计蚕桑资源主题活动结构时,从横向上来看主要有两个主题活动类型。一是共同性蚕桑资源主题活动(五大领域类型),这类主题活动的设置立足于提供幼儿终身学习发展所需的基本经验,促进幼儿的基本发展。二是选择性蚕桑资源主题活动(项目活动、特色活动),这类主题活动的设置是为发展幼儿的兴趣、爱好和个性特长,体现蚕桑资源主题活动内容的个性化。由此,蚕桑资源主题活动内容横向结构划分为各个类别的活动,主要包括共同性蚕桑资源主题活动下五大类的活动,以及选择性蚕桑资源主题活动下的若干类特色活动。在组织时要确保两类活动类型的时间分配,使横向蚕桑资源主题活动内容保持适宜的课程比例。另外,在实践中我园也考虑了蚕桑资源主题活动内容的纵向结构,主要是从横向的蚕桑资源主题活动内容出发,做到蚕桑资源主题活动在不同年龄段有序衔接。由此,在纵向上形成一个连续体,使幼儿的学习发展具有一定的过渡性和连续性。

(三)蚕桑资源主题活动实施的策略

蚕桑资源主题活动的组织实施要把握好个别活动、小组活动和集体活动的功能与价值,活动方式要满足幼儿生活需要的多样性。个别活动有利于教师照顾幼儿的个体差异,针对不同幼儿的兴趣、需要和特点,及时调整和提供活动环境与材料,及时给予提示、建议等,进行个别指导,以更好地促进每个幼儿在原有基础上发展。小组活动的学习内容既可以是同样的,也可以是不同的,就分组形式而言,有幼儿自由分组和教师指定分组两种情况。幼儿自由分组是幼儿根据自己的自主意愿去自发地组成活动小组。而教师指定分组则是有目的、有计划的分组,教师根据教学需要将班级幼儿进行分组。集体活动是班级全体幼儿共同参与的活动,其实施形式是全班幼儿在同一时间内参与教师安排的活动,教师从中进行组织和引导,进行集体教学。

1. 利用区域活动,多元化表现蚕桑资源

区域活动是建立"幼儿自主"和"多元化表达"的活动。为了让幼儿了解蚕桑资源的游戏以及活动,要在丰富游戏形式。由于幼儿园里大部分幼儿年龄小、识字不多,所以我园通过海报展示、广告宣传等多元方式帮助幼儿快乐主动地选择他们喜欢的蚕桑游戏。幼儿自主选择活动后,他们根据自己的需要以及活动区的特色共同设计自己喜欢的点名方式或活动内容等。如在桑树的活动中,教师在组织幼儿讨论"你想开展关于桑树的什么活动"时,幼儿可以根据自己的需要进行选择,也可以在班级里进行分组投票,然后确定具体的活动内容。那些喜欢种植活动的幼儿,可以自主选择去户外开展种植实践活动;喜爱美术创意活动的幼儿可以选择在班级活动区和公共中长廊开展创意制作活动;喜欢观察活动的幼儿可以去桑树园领养桑树,开展观察记录……每组选出负责的小组长,根据自主安排进入指定的活动区活动,教师在整个活动中是支持者、合作者、引导者。

此外,在区域活动中,我园不仅要考虑蚕桑资源纳入课程建设的适宜性问题,而且要从幼儿的学习特点、生活经验出发,不断调适已有的课程,创生出符合幼儿发展需要、融合传承与创新、影射社会热点元素的多元化活动。从幼儿学习活动的特点和他们现阶段的生活经验出发,利用蚕桑资源进行活动实施时要做到有取舍、有应变。

教师围绕蚕桑资源创生出"蚕茧花"的活动,此活动涉及各种茧花制作的传统工艺。在资源上教师要考虑到我园蚕桑资源可随时随地使用的便捷性,同时要考虑幼儿是否具有相关的经验。在此基础上,教师将所有的传统手工艺放在了一节活动中,幼儿虽然很感兴趣,但是由于教师对时间、幼儿年龄阶段的学习特点没有把握好,此次活动没有完成。经过讨论,将该活动由原来的教学活动,改为以教学与区域相融合的方式进行。

基于此,幼儿园在课程实施中不仅要关注幼儿的经验和资源的有无情况,还要考虑到幼儿的学习特点和个体差异,做到课程实施和资源的有效利用和融合。由此可以得到实践启示:教师要立足于和幼儿之间的对话,在资源利用时,将幼儿的生活经验和学习特点作为课程实施更新与调整的要素之一,让课程真正来源于幼儿的生活,作用于幼儿的生活。

2. 巧用家长助教,多方面展现蚕桑资源

家长资源是幼儿园教育资源的延伸,为了让幼儿更好地感受蚕桑资源主题,推动主题活动向更深层次发展,我园将家长资源变成课程实施的一股重要力量。例如在小班主题"桑树三宝"的实施过程中,我园向班级家长委员会发出了"探访太湖雪蚕桑文化园·亲子采摘体验"的召集令。在活动中,亲子小分队前往太湖雪蚕桑文化园,感受郁郁葱葱的桑园、白白胖胖的蚕宝宝、精美绝伦的丝织品、空气清新的户外环境……这些都给幼儿留下了深刻的印象。在这次亲子活动中,家长陪同幼儿动手制作蚕茧花、蚕茧发夹、香薰肥皂等各种手作,让幼儿更深入地了解以蚕桑为主的古镇特色文化,为家乡文化感到自豪。

而在大班"丝之乐"主题活动中,我园邀请祖辈家长入园当起了助教,展示震泽老手工艺人的技艺,为幼儿们展示"抽丝剥茧""绕柴龙"等非遗传承技艺。为了更有针对性地运用家长资源,发挥家长资源利用的最大化,在主题开展之前我园向家长助教发放"家长助教反馈表",通过个人资料的收集充分了解家长助教的经验,在后期蚕桑资源活动中有针对性地邀请他们协助教学,也让每一位家长能够施展自己的所长。(见表8-4)

表8-4 家长助教反馈表

活动中,您能为孩子提供的物品或者工具:1.蚕宝宝□ 2.桑叶□ 3.蚕茧□

请在以上物品中选择并画"√",如果您还能提供其他物品,请写在下面:

_____

活动中，我们需要有经验的您来支持，如果您有时间，请将以下反馈表交给我们。

孩子姓名		家长姓名		联系方式	
优势经验介绍					

家长在蚕桑资源主题活动中的参与，不仅多方面地展现出了我国对蚕桑资源的运用，丰富了幼儿园蚕桑资源主题活动的表现形式，同时，在活动开展的过程中，不同年龄层的家长都能够以不同方式参与到活动中来，从而有效地加强了幼儿园与家长之间的联络。

3. 借助项目活动，深层次探索蚕桑资源

项目活动是幼儿在教师的支持、鼓励与帮助下，将某个大家感兴趣的或适宜的问题或事项当作一个持续性的活动进行深入探究，通过小组合作等方式，发现相关知识，帮助幼儿全方位建构相关经验。在对蚕桑资源进行调试和更新时，为了能够更深层地对蚕桑资源进行开发和利用，我园以项目活动的形式展开，带领幼儿探索蚕桑资源在社会、生活中的运用。

在大班主题"丝之乐"中，幼儿对于抽丝这项活动产生了浓厚的兴趣。教师引导幼儿对于抽丝展开自主调查，通过调查，幼儿发现随着科技的发展，抽丝的方式也产生了很大的变化。当最后老师问"你们喜欢自己人工去抽丝吗？"幼儿表示自己抽丝或者合作抽丝难度比较大，常常找不到丝的头。通过实际地探索，幼儿感受到人工操作太慢，这样要把抽出的丝制作成衣服需要花费更多时间。到了现代，在生产、生活中，人们大量使用机器，节省了时间、提高了效率。在项目活动的过程中，师幼借助幼儿园、社区和家长资源共同解决实际问题。我园让家长和幼儿一起在网上查找抽丝的机械化工作视频、照片,还带领幼儿一起参观了太湖雪蚕桑园抽丝的工作车间,邀请丝绵被加工厂的技术人员来讲解抽丝的方法等,整个项目活动历时长达三个月。在这个过程中,幼儿是活动的主体,教师的角色更多的是引导者、支持者、合作者、倾听者。通过开展集体、小组、个体等不同类型的活动,不断解决实际的问题。

(四)蚕桑资源主题活动评价的方式

评价具有调节、反馈和激励的作用,为了更好地发挥评价的作用,我园以多元化的方式对蚕桑资源主题活动的开展进行评价。从评价主体上来看,我们将幼儿、家长、教师都纳入主题活动评价的主体,让他们参与到课程评价中来;从评价方法上来看,我园将形成性评价和表现性评价相结合,通过全面的评价了解幼儿的发展;从评价内容上来看,我们既评价幼儿在活动中的发展,也关注到教师、家长在其中的收获。

1. 形成性评价

所谓形成性评价,是指对幼儿日常学习过程中的表现、所取得的成绩及所反映出的情感、态度、策略等方面的发展做出的评价,是基于对幼儿学习全过程的持续观察、记录、反思而做出的发展性评价。在蚕桑资源主题活动中,我园大多数使用幼儿观察记录、家园联系单、幼儿成长档案进行形成性评价。下面所呈现的《"蚕的一生"主题活动家园联系单》是教师针对蚕桑资源主题活动前投放的"告知单",既便于家长了解主题活动中须配合做的事情,又便于家长在接到"告知单"后,在这个主题活动实施前,对幼儿的行为、情绪、情感有一个提前的了解或预热;而"'蚕的一生'主题活动家长参与感悟"则是家长在主题活动实施后针对幼儿在主题活动中各方面(情感、态度、策略等)的表现做出的及时评价,两张表格前后有序衔接,便于操作。家园联系单如表8-5所示,主题活动家长参与感悟如表8-6所示。

表 8-5　家园联系单

"蚕的一生"主题活动家园联系单

亲爱的家长：

　　下周，您的孩子将继续探索蚕的一生。这次我们的孩子要和蚕宝宝来个"亲密接触"，了解和获得一些有关蚕的一生的知识。

　　其间，也许我们会需要各位家长的帮助和配合，希望家长能尽量支持我们的活动，为我们的活动出一份力。同时，我们也会把这次活动的相关信息通过家校通平台、爱心提示栏目、班级主页等方式及时与您交流。

　　也希望家长在有关平台上看到我们孩子的表现及时给他（她）一些鼓励。虽然每位宝宝能力不同，可是他们却都一样在认真、努力、专注地进行探索。

　　如果您有任何问题或需要什么帮助，请给我们带一张纸条或给我们电话。非常感谢您的支持，希望您对孩子将要经历的"蚕的一生"活动感兴趣。

您亲爱的合作伙伴

中（★）班

20★★年★月★日

表 8-6 "蚕的一生"主题活动家长参与感悟

幼儿姓名	花花	所在班级	中（*）班
家长姓名	***	参与身份	倾听者
主题活动名称	蚕的一生	实施时间	****
我的感悟	几次活动下来，我发现学校组织的"蚕的一生"项目是非常有意义的活动，这也成了我和女儿进行交流的"亲子时间"。现在我总会期待女儿每天回家带给我一份"惊喜"——家园联系单。 今天，女儿一回到家，就很兴奋地对我说："爸爸，我要买蚕宝宝进行饲养！"我看着女儿问："为什么呀？我们以前也养过蚕宝宝的吗，你不是不喜欢吗？看到后还害怕得哭了呢！"女儿开始向我诉说今天在幼儿园发生的事情，"今天我们班级来了一些'新朋友'它就是蚕宝宝，老师为了让我们了解蚕宝宝的不同，为我们提供了'蚕卵、蚁蚕'等不同的蚕呢，它们长得黑黑的、小小的，卵不会动。"老师说："蚕卵要在一定的温度中才能慢慢长大变成蚁蚕。" 听着女儿说的话，我很惊喜她有了这样的变化。首先是知识的变化，她知道了蚕卵、蚁蚕等专业名词，其次她还主动要求要饲养。这只是这些活动刚开始的变化，我想经过长时间的活动，花花的变化会更大。也许她会变得有责任感，也许她在饲养的过程中，会知道养蚕人的辛苦……希望幼儿园以后能继续组织这样的活动，相信孩子们会对动物更感兴趣		

在主题实施之后，教师请家长记录下他们在主题开展过程中的参与感悟，既能够让家长了解孩子在活动中的收获与成长，也能够让幼儿园及时了解活动中的问题及家长的需求。

2.表现性评价

表现性评价是通过完成一些实际的任务,诱导出幼儿的真实表现,以此评价幼儿掌握和运用知识和能力的方法。具体来说,就是运用真实的任务或模拟的练习来引发幼儿真实的反应,由教师或高水平评定者按照一定标准进行直接的观察、评判。在蚕桑资源主题活动中,我园大多数使用的表现性评价形式有幼儿在主题中的作品档案、幼儿参与活动的影像资料、主题活动评价表等,通过这些形式评价幼儿在活动中的积极性、解决问题的能力、掌握与活动有关的知识和经验的程度等。教师针对幼儿作品的表现性评价工具以及对幼儿主题活动的评价工具见表8-7、表8-8和图8-1、图8-2。

表 8–7 蚕桑作品评价表

作品名称	
作品类型	
幼儿姓名	
小组成员分工（有成员填写,无成员不用填写）	
作品材料（幼儿表征）	
作品简介（约100字）	
作品评价	同伴评价： 教师评价：

表 8-8 蚕桑主题活动评价表

项目	评价内容	评价指标			形式		
		很少	一般	经常	幼评	组评	师评
表现意愿	蚕桑资源主题活动中,你参与活动了吗？						
	蚕桑资源主题活动中,你和同伴合作交流、讨论了吗？						
	蚕桑资源主题活动中,你向同伴和老师提出自己的疑问和传授成功经验了吗？						
	蚕桑资源主题活动中,你愿意在同伴和老师面前表演吗？						
	等级：（模仿、求异或者表现型）						
表现能力	你觉得你的表现和发言精彩吗？						
	在小组合作中,你有起到主导活动的作用吗？						
	你的表演精彩吗？						
	等级：（模仿、求异或者表现型）						
	总评：						

图 8-1　　　　　　　　　　　　图 8-2
"比多少"活动幼儿互评　　　　"桑葚果酱大比拼"活动小组评价

通过表 8-7、8-8、图 8-1 以及图 8-2 中对幼儿作品及表现进行评价，不仅让教师了解了幼儿在蚕桑资源主题活动中各方面的表现，也让幼儿相互之间了解同伴的表现。幼儿在主题活动中的表现性评价，有利于教师从材料、内容、组织形式等方面不断优化蚕桑资源主题活动，从而让蚕桑资源主题活动内容更适合不同年龄段幼儿的可持续性发展，为建立适宜、可行的蚕桑资源主题活动内容指明方向。

四、蚕桑资源园本主题活动实践案例与反思

丰富的蚕桑资源为园本课程的开展提供了多样的可能，我园围绕蚕的"过去（种桑）—现在（养蚕）—将来（制丝）"，结合幼儿的学习特点梳理主题脉络，逐步形成三个年龄段逐层递进的蚕桑资源主题活动。在蚕桑资源主题活动实施的过程中，教师追随幼儿的兴趣，逐步生发出各班别具特色的蚕桑资源主题活动的实践案例，以下以中班的蚕桑资源主题活动"桑葚真不简单"为例。

案例一：中班主题——桑葚真不简单

一、主题说明

进入新的幼儿园之后，我们在空地上移栽了一批桑树，幼儿很喜欢这

些"新朋友",常常会来到这片桑林玩。"桑葚真不简单"这一主题围绕着幼儿感兴趣的事件"吃桑葚"展开,活动中,幼儿可以选择自己喜欢的方式进行分工合作,也可以选择自己感兴趣的桑葚制品开展加工活动。通过这一主题,我们更关注幼儿在活动中的体验与探究,幼儿既可以通过采摘桑葚、加工桑葚体验收获的乐趣、感受劳动带来的愉悦,也可以在这个过程中探究食物加工的秘密,感受数学、科学与我们的生活息息相关。

二、幼儿经验调查表

幼儿经验调查表如表8-9所示。

表8-9 幼儿经验调查表

主题: 桑葚真不简单	年龄段:中班
K（幼儿已经知道的）	1.知道桑树结出的果实叫桑葚 2.知道桑葚成熟的标志是颜色由青色变成紫黑色 3.知道成熟的桑葚是软软的,采摘成熟的桑葚时不能把桑葚捏坏
W（幼儿想要知道的）	1.想知道如何采摘高处的桑葚 2.想知道桑葚可以做成哪些美食 3.想知道加工桑葚的工具有哪些 4.想知道各种不同品种的桑葚
H（幼儿怎样知道的）	幼儿园资源: 1.果桑林、云南野桑林 2.四角梯、木梯、桌子、椅子 3.二楼长廊的食品加工坊、班级生活区 家长资源:有经验的养蚕人家长,蚕桑园的工作人员等 社区资源:太湖雪蚕桑文化园、慈云蚕桑园
L（幼儿能够学习到的）	1.采摘前能够与同伴协商分工,采摘中能合作采摘高处的桑葚 2.通过调查了解各种桑葚制品,知道桑葚可以加工成很多美食 3.知道一些简单的食品加工方法,能自己运用工具加工桑葚 4.知道除了常见的桑葚之外还有很多不同品种的桑葚

三、主题经验思维导图

主题经验思维导图如图8-3所示。

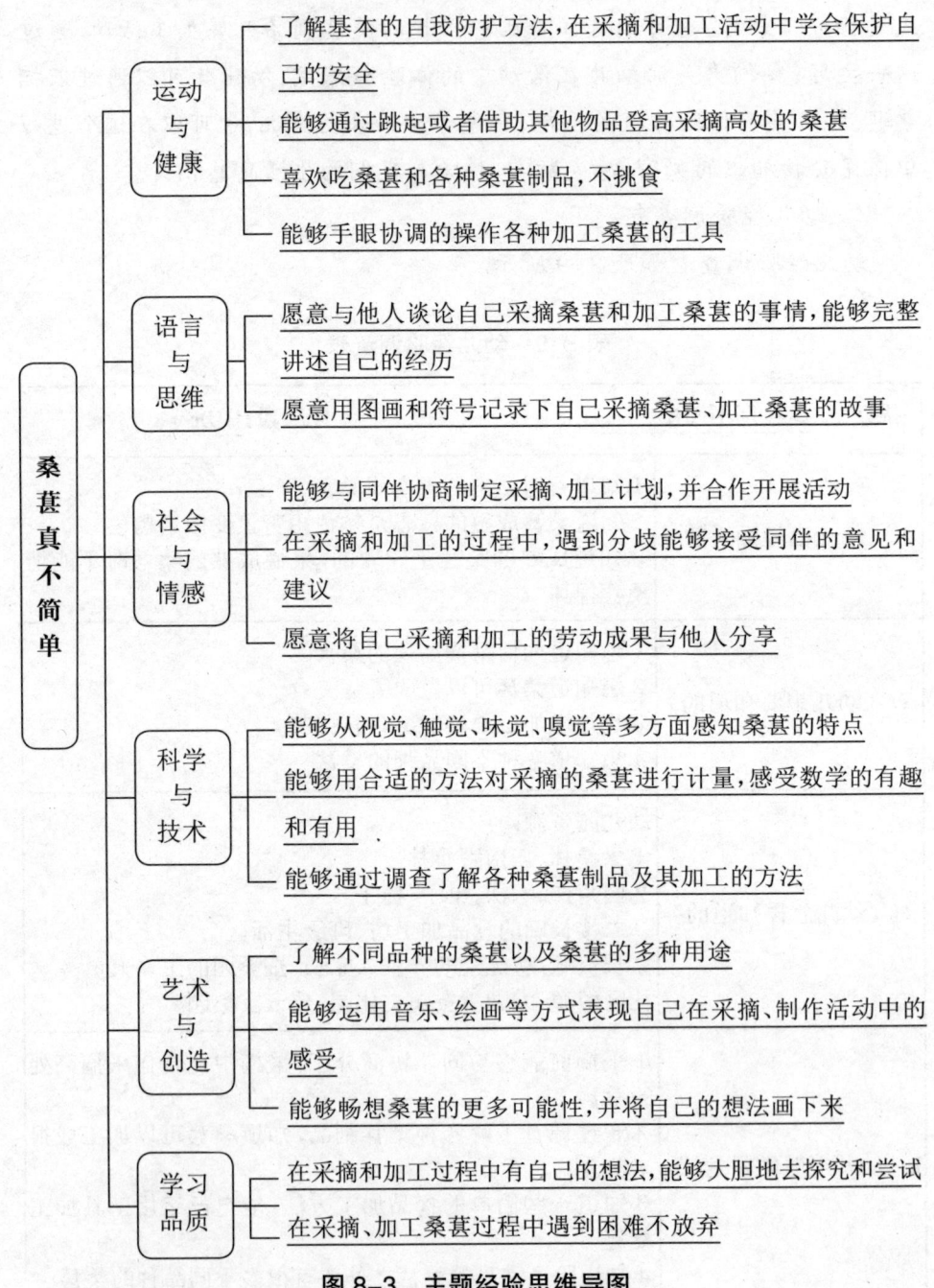

图8-3 主题经验思维导图

五、主题目标

能够感知并清楚地说出桑葚的形状、味道特点。

能够与同伴协商制定采摘和加工计划,开展桑葚采摘和加工的活动。

在加工的过程中能够运用数学的方式进行简单的计量。

在采摘和加工活动中学会保护自己、避免危险。

认识称量和加工的工具,能够运用这些工具称量、加工桑葚。

在采摘和加工的过程中遇到困难不放弃,努力尝试解决困难。

能够运用语言、绘画等方式表现自己在采摘、加工等活动中的经历和感受。

了解桑葚种类和用途的多样性,能够用多种方式表现自己对于桑葚的畅想。

六、主题活动脉络图

主题活动脉络图如图 8-4 所示。

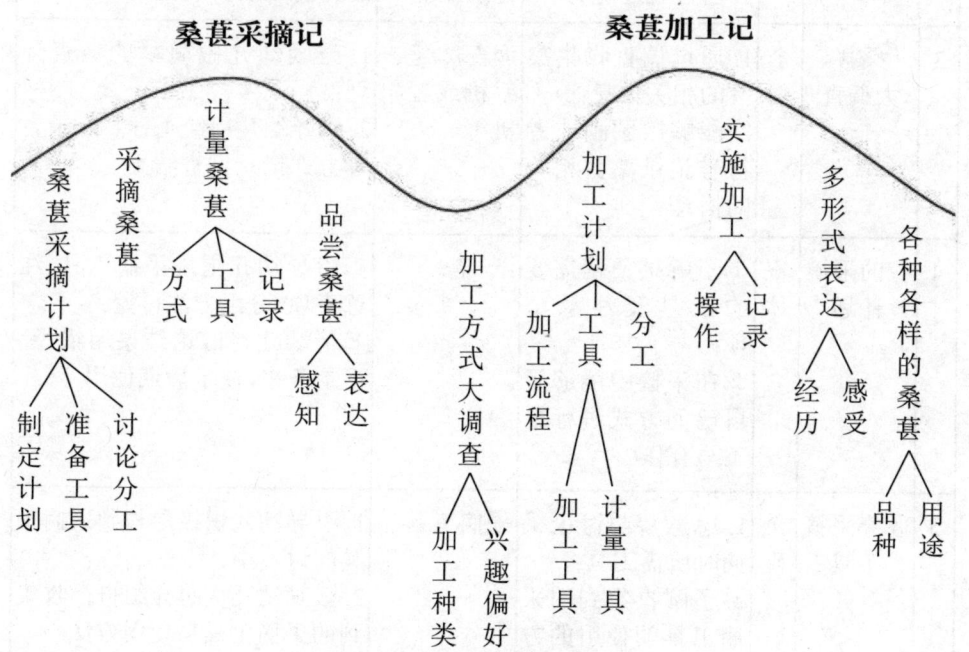

图 8-4 主题活动脉络图

七、主题活动规划与方案

1. 生活活动规划与方案

主题生活活动规划与方案如表 8-10 所示。

表 8-10　主题生活活动规划与方案

序号	活动名称	活动形式	活动目标	准备	组织实施建议
1	观察桑葚	个别	了解桑葚的特点，提升自身观察能力	放大镜、记录表、笔等	引导幼儿从视觉、嗅觉、触觉等多方面对桑葚进行感知和观察，形成对桑葚较为全面的认识
2	桑葚的变化	集体	能用自己的方式讲述桑葚的变化，提升语言表达能力	桑葚变化的录像、照片、记录纸等	引导幼儿结合自己所收集的资料，大胆自信地讲述观察到的桑葚的生长变化
3	桑葚大调查	个别	1. 通过调查收集桑葚的相关信息； 2. 能够用图画或者符号记录桑葚相关的信息	调查表、笔、手机或者相机等	1. 鼓励幼儿做简单的调查计划； 2. 引导幼儿用绘画、照相、录音等方式记录调查结果
4	我的采摘计划	集体	1. 了解采桑葚需要的工具及注意事项； 2. 在采摘中能够用自己的方式进行分工与合作	纸、笔	1. 引导幼儿围绕采摘工具、注意事项、分组方法讨论； 2. 请幼儿将讨论结果用纸、笔记录下来，便于后期使用
5	收集采摘工具	个别	1. 愿意参与讨论采摘时所需工具； 2. 了解收集到的采摘工具的使用的方法和基本的用途	采摘工具	1. 引导幼儿积极参与到采摘工具的讨论中； 2. 鼓励幼儿大胆介绍自己收集到的采摘工具与使用方法

续表

序号	活动名称	活动形式	活动目标	准备	组织实施建议
6	搬来搬去	小组	能够与同伴合作搬运较重的物品	木梯、桌子	1.引导幼儿了解合作搬运需要注意的问题，保障自身在搬运过程中的安全； 2.引导幼儿合作搬运前先进行协商，统一搬运的高度和方向
7	采桑葚	小组	1.能够自己想办法采到高处的桑葚，在采摘的过程中注意保护自己； 2.能够与同伴合作开展采摘活动，体验丰收的乐趣	凉帽、手套、装桑葚的容器、椅子、桌子、四角梯、普通梯子等。	1.引导幼儿在采摘的过程中要学会保护自己，不要做危险动作； 2.在采摘高处的桑葚时，引导幼儿运用身边唾手可得的工具
8	摘桑葚	个别	能原地纵跳触物，动作协调	绳子、桑葚	考虑幼儿之间存在一定的差异，教师可以提供不同高度的桑葚，引导幼儿挑战合适的难度
9	洗桑葚	小组	1.能够用淘洗和冲洗相结合的方法清洗桑葚； 2.乐意参与洗桑葚的活动，为他人服务	沥水篮、脸盆、桑葚	1.在清洗之前，引导幼儿讨论清洗桑葚需要注意的问题； 2.在清洗过程中，引导幼儿既要注意清洗干净桑葚，也要注意不要将桑葚捏坏
10	好吃的桑葚	个别	1.能够说出桑葚的味道，以及自己品尝桑葚的感受； 2.喜欢吃桑葚不挑食	清洗干净的桑葚	1.引导幼儿回顾采摘桑葚的经历，鼓励幼儿品尝自己收获的果实； 2.品尝桑葚过后，及时引导幼儿说出自己尝到的味道和品尝桑葚的感受

续表

序号	活动名称	活动形式	活动目标	准备	组织实施建议
11	储存方法大调查	个别	1.通过简单的调查收集桑葚储存方法的相关信息； 2.能够用图画或者符号记录储存桑葚的方法	调查表、笔	1.鼓励幼儿多向有经验的长辈询问桑葚的储存方法； 2.鼓励幼儿大胆介绍自己调查到的桑葚储存方法
12	加工配方大调查	个别	1.能够通过询问他人、收集资料等方式获得加工配方的信息； 2.能够用画画的方式对自己收集的加工配方进行记录	调查表	1.在开展调查活动之前，引导幼儿讨论可以通过什么方式获得加工桑葚的信息； 2.在调查结束之后，要及时引导幼儿相互交流调查的结果，帮助幼儿总结经验
13	讨论加工方法	集体	能基本完整地讲述自己调查到的加工方法	调查表	引导幼儿大胆地和同伴讨论自己调查到的加工桑葚的配方
14	我喜欢的桑葚制品	集体	能够与同伴协商选出喜欢的桑葚制品开展制作活动	加工配方	引导幼儿展开讨论，讨论用什么样的方式选出加工制品最公平
15	桑葚制品品尝会	小组	能够大胆介绍自己制作的桑葚制品	桑葚制品、一次性杯子、牙签、手套等	引导幼儿大胆地向其他班级幼儿介绍自己制作的桑葚制品，让大家品尝

2. 区域活动规划与方案

主题区域活动规划与方案如表 8-11 所示。

表 8-11　主题区域活动规划与方案

序号	活动名称	活动形式	活动目标	准备	组织实施建议
1	桑葚的变化	科学区	1.能够仔细观察桑葚在颜色、形状等方面的变化；能够运用多种感官去探索桑葚	桑葚、记录表、笔、放大镜	为幼儿准备充足的桑葚，引导幼儿通过多感官感知桑葚的变化并进行记录
2	桑林	建构区	1.对桑树林感兴趣，能和同伴合作搭建桑树林；能够运用多种辅材丰富桑树林	积木、桑树、马路、汽车、鹅卵石	1.引导幼儿在搭建前有计划地协商桑树林布局；2.引导幼儿同伴之间相互合作
3	桑葚的变化	语言区	1.能够把桑葚的照片进行排序；能够较完整地讲述桑葚的变化	桑葚各个阶段的照片	引导幼儿先将桑葚按照生长变化的顺序进行排序再进行完整讲述
4	热闹的桑林	美工区	1.能够用绘画的方式表现采摘桑葚的场景；2.乐意将自己在采摘过程中的发现和感受用绘画的方式表现出来	白纸、记号笔、蜡笔、采摘的照片。	1.提供一些采摘桑葚的照片，帮助幼儿回忆采摘过程中的发现和感受；2.引导幼儿和同伴一起交流自己绘画的桑林，说一说大家看到的桑林有什么不同
5	统计桑葚	数学区	1.能够用量杯等计量工具进行桑葚的数量统计；记录下桑葚的统计数量	量杯、量勺、纸、笔、天平	引导幼儿用多种计量工具进行桑葚的统计

续表

序号	活动名称	活动形式	活动目标	准备	组织实施建议
6	加工配方	科学区	1.知道加工配方所需要提供的材料、数量、步骤等信息；2.能够根据调查表收集的信息自己绘制加工配方	调查表、白纸、记号笔、蜡笔	1.提供一些配方的样品,引导幼儿了解配方上有些什么？2.在绘制过程中,引导幼儿仔细核对调查表中的信息
7	桑葚加工记	生活区	1.能够根据配方准备加工材料,并按照流程进行加工；2.乐意与同伴合作加工,在加工过程中能够协商分工	桑葚、配料、加工工具、配方	1.提供加工过程中需要用到的防护工具,引导幼儿按照配方进行加工；2.鼓励幼儿用自己的方式协商分工,分工开展加工活动
8	桑葚小铺	角色区	1.尝试制作各种桑葚制品；能够将制作的桑葚制品装饰游戏环境或进行售卖	桑葚、纸黏土、剪刀、卡纸、桑枝	1.引导幼儿将桑葚制作成桑葚糕、桑葚汁等多种桑葚制品并进行游戏买卖；引导幼儿将制作的桑葚手工作品用于环境创设,美化班级的环境
9	《环游世界做苹果派》	语言区	1.阅读绘本,讲述绘本内容；2.画下自己感兴趣的内容或问题	《环游世界做苹果派》、纸、笔	引导幼儿自主阅读《环游世界做苹果派》,了解如何将制作美食的过程做成书
10	我和桑葚的故事	语言区	1.能够用绘画的方式画出采桑葚、加工桑葚的故事；2.能够与同伴合作制作图书	《环游世界做苹果派》、纸、笔、订书机	1.引导幼儿参照《环游世界做苹果果》一书中的相关内容,讨论图书的故事情节；2.协助幼儿将绘制的故事内容进行梳理并制作成一本有情节的图书

续表

序号	活动名称	活动形式	活动目标	准备	组织实施建议
11	桑葚创意作品	美工区	1.仔细观察桑葚的特征,学习用超轻黏土制作桑葚; 2.将桑枝合理布局,制作好的桑葚、桑叶等进行粘贴	超轻黏土、卡纸、蜡笔剪刀、桑枝	引导幼儿仔细观察桑葚的颜色、外形等的特征再进行创作

3. 教学活动规划与方案

主题教学活动规划与方案如表 8-12 所示。

表 8-12　主题教学活动规划与方案

序号	活动名称	活动形式	活动目标	准备	组织实施建议
1	登高安全我知道	健康	1.知道登高摘桑葚的时候要注意些什么,学会保护自己; 2.能够在桌子、椅子、四角梯上面保持平衡	课件、白纸、记号笔、桌子、椅子、四角梯	1.创设采摘桑葚的情境,引导幼儿讨论在登高采摘的时候需要注意一些什么; 2.提供登高的工具请幼儿尝试登高,并引导幼儿说一说如何在登高过程中保持平衡
2	讨论储存方法	语言	1.能基本完整地讲述自己调查到的储藏方法; 2.能根据自己的兴趣选择储存方法	调查表	1.请幼儿介绍自己调查到的关于桑葚的储藏方法; 2.引导幼儿分组讨论运用哪些储藏方法进行桑葚的储藏更合适; 3.幼儿投票选择储存桑葚的方法

续表

序号	活动名称	活动形式	活动目标	准备	组织实施建议
3	各种各样的统计方法	数学	1.能用多种方式统计各组采摘桑葚的数量；2.对统计活动感兴趣，感知数学在生活中的运用	透明杯子、天平、记录纸、笔等	1.先请幼儿各自探索统计桑葚数量的方式，并进行介绍；2.向幼儿介绍如何用天平和透明杯子比较桑葚的多与少
4	各种各样的加工工具	科学	1.能基本完整地讲述自己了解到的加工工具及使用方法；2.乐意动手动脑探索加工工具	各种加工工具、视频	1.请幼儿说一说他们认识的加工工具，以及这些工具的使用方法；2.观看加工工具的操作视频，引导幼儿补充之前没有说到的内容；3.幼儿尝试操作各种加工工具，在幼儿尝试的过程中教师要及时地进行指导
5	量杯和量勺	数学	1.认识量杯和量勺，知道他们是称量材料的工具；2.通过尝试了解量杯、量勺子的使用方法	量杯、量勺、固体材料、液体材料、视频。	1.引导幼儿观看量杯、量勺的操作视频，请幼儿说一说量杯量勺操作方法和作用；2.提供固体和液体的材料，请幼儿尝试用量杯、量勺称量这两种不同的材料，并说说称量这两种材料的区别；3.引导幼儿对于操作过程中遇到的问题展开讨论，并及时总结经验
6	各种各样的桑葚	科学	1.知道不同品种的桑葚颜色、形状、味道也都不同，认识桑葚的多样性；2.对于桑葚品种的创新有自己独特的想法	不同品种的桑葚、白纸、记号笔、蜡笔	1.幼儿观察不同品种的桑葚，引导他们发现桑葚在颜色、形状上的不同；2.幼儿品尝不同品种的桑葚，请他们说一说品尝后的发现；3.将幼儿通过观察、品尝的结果进行梳理和总结，用图画的方式呈现出来；4.引导幼儿对于桑葚展开想象，并将他们创造出来的桑葚画出来

八、主题活动实施建议

1. 加强家园沟通,充分利用家长资源

充分利用家长资源,请有丰富的桑葚加工经验的家长来幼儿园,协助幼儿开展桑葚制品的加工,丰富幼儿的相关经验。同样地,幼儿在进行桑葚制品调查时,也可以寻求家人的帮助。家长既可以提供各种加工方法,也可以帮助幼儿将那些较为复杂的配方转换成幼儿能够理解的配方形式,便于幼儿的操作。

2. 引导幼儿注意安全,提高自我保护能力

在采摘桑葚、加工桑葚的过程中,幼儿既要登高采摘桑葚,也要自主地使用各种工具采摘桑葚,所以我们既要提供相应的防护措施,也要引导幼儿遵守相应的规则,提升幼儿的自我保护能力,避免危险。

3. 设置专用区域,满足食品卫生要求

幼儿制作的桑葚制品需要满足基本的食品卫生要求,因此在主题实施开展的过程中,要设置专用的食品加工区域,可以是班级专门设置的生活区,也可以是幼儿园的专用生活坊。

九、主题环境创设

1. 主题墙

教师根据幼儿采摘、加工桑葚的活动过程,和幼儿一起设计蚕桑主题墙。因为这一主题重在体验与探究,所以在主题墙上我园主要呈现的是幼儿在采摘和加工过程中他们思考的、尝试的事情,并以图画、图表、图片等形式进行呈现,让幼儿能够看得懂、看得明,并时时回顾。

2. 班级室内外环境

在班级环境的创设中,首先,我园在较高的墙面和吊饰上增加了很多桑葚、桑叶的元素,营造出浓厚的主题氛围,让大家走进教室就能知道当下我园正在开展"桑葚真不简单"主题,如图8-5所示。其次,在较低矮的墙面和柜面上我园张贴了"各种各样的桑葚"图片供幼儿欣赏,让幼儿了解桑葚的多样性,如图8-6所示。再次,我园也将幼儿在美工区制作的各种绘画作品、手工作品在活动室进行展示,幼儿可以一起看一看,聊一聊。最后,

这一主题开展过程中,幼儿需要在区域中开展大量的加工活动,所以我园重点布置了班级的生活区,创设出一个干净、卫生的加工坊,供幼儿进行桑葚制品的加工,如图8-7所示。

图8-5 桑葚吊饰

图8-6 各种各样的桑葚

图8-7 生活坊

案例二:中班课程故事——桑葚果酱诞生记

缘起,桑葚怎么坏了?

桑林里的桑葚成熟了,幼儿开展了采摘桑葚、品尝桑葚的活动,如图8-8、图8-9所示。美味的桑葚吃剩一些放到冰箱里保存,如图8-10所示,两天之后,当幼儿想起冰箱里的那些桑葚时,却发现桑葚已经变质了,变质的桑葚只能丢掉,幼儿感到非常可惜,如图8-11所示。这时候另一个问题也急须解决,桑林里下一批的桑葚马上就要成熟了,这些桑葚要怎样去保存呢?

图8-8 采桑葚

图8-9 品尝桑葚

图8-10 放冰箱

图8-11 变质的桑葚

教师感悟:幼儿迫切地想要解决桑葚保存的问题,在发现他们的这一需求后,教师支持幼儿通过调查的方式去收集保存桑葚的相关信息,引导他们在实际操作中探索保存桑葚的方法,在动手、动脑探究的过程中切身感受食物保存的不易,从而萌发幼儿珍惜食物的情感。

案例三:保存办法哪里来?

幼儿想要在下一次采摘之前找到保存桑葚的方法,但是,这些方法要从哪里来呢?有的幼儿认为可以寻求家长的帮助,有的幼儿希望通过网络搜寻解决办法,有的幼儿则前往蚕桑园寻找答案……

幼儿通过多种途径收集来各种保存桑葚的方法,经过交流他们发现将桑葚加工后可以延长桑葚的保存时间。经过统计,他们得到了5种方法(冰箱冷冻、泡桑葚酒、晒桑葚干、做桑葚果酱、腌桑葚汁),其中,桑葚果酱是大家最感兴趣的,于是他们决定尝试果酱的制作,如图8-12所示。

图8-12 调查统计

案例四:桑葚果酱怎么做?

可是桑葚果酱要怎么做呢?

可馨说:"我妈妈做过草莓果酱,她看手机做的。"

天天说:"我妈妈做蛋糕就会看配方,桑葚果酱一定也有配方。"

桑葚果酱的配方又是什么样的呢?在爸爸妈妈的帮助下,幼儿收集来了很多果酱配方,并在此基础上选出三个比较完整的配方,通过投票最终选出了2号配方开展制作,果酱配方投票过程及投票结果如图8-13～图8-16所示。

教师感悟:孩子们能够通过各种途径去收集有用的信息,也能够根据自己的想法选择感兴趣的方式进行尝试。孩子们在活动中有自己的主见,也具有一定的行动力,老师的支持主要体现在活动的背后,如"桑葚果酱调查表"的提供。中班孩子主要是通过实际的操作来感知物品的数量,对于他们来说,使用称量工具开展精确的称量是比较困难的。所以,在设计调查表时我们在下方注明用杯子和不同颜色的勺子来代替精确的称量工具,更易于幼儿的理解和操作。

图8-13 果酱配方

图8-14 1号配方

图8-15 2号配方

图8-16 3号配方

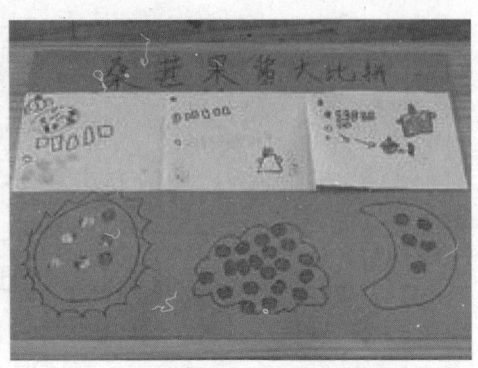

图 8-17　投票　　　　　　　　图 8-18　投票结果

案例五：称量工具怎么用？

有了配方就可以开展果酱制作了，瑶瑶把盆里的桑葚抓进杯子里面，杯子顶上堆得高高的。

悦悦看到后马上说："不对，不对，桑葚放太多了！"

那么用杯子、勺子称量材料的时候要放多少呢？

经过讨论，幼儿达成共识：用杯子和勺子称量材料，要保证材料和称量工具基本齐平，桑葚是一颗一颗的，只要放到基本和杯子一样平就可以了，如图 8-19 所示，糖可以用筷子刮一下，保证和勺子一样平，如图 8-20 所示。

图 8-19　称量桑葚　　　　　　图 8-20　称量糖

教师感悟：孩子们用勺子和杯子称量材料，他们在日常生活中有相关的经验，也愿意大胆地去进行尝试。所以，我们先放手让幼儿自己去探索，在发现问题之后，再引导幼儿进行观察和讨论，在幼儿的经验基础上进行总结和提炼，帮助幼儿归纳称量的要点。

案例六：果酱为什么会煮糊？

桑葚果酱需要的材料准备好了，幼儿把电煮锅打开，按照配方先把桑葚和糖加了进去，糖融化之后又加入了柠檬汁，用锅铲不停地搅拌锅子里面的果酱，如图8-21所示。但是，搅拌了没一会儿锅子里果酱就干了，不一会儿还闻到了焦味，果酱糊了，如图8-22所示。

图8-21 煮果酱

图8-22 果酱糊了

果酱失败的原因是什么呢？

跃新："我觉得肯定是火太大了烧干了，我都看到锅子冒烟了。"

可馨："我觉得肯定是柠檬汁放的太少了，所以干掉了。"

彤彤："是不是在煮的时候没有搅拌，所以糊掉了？"

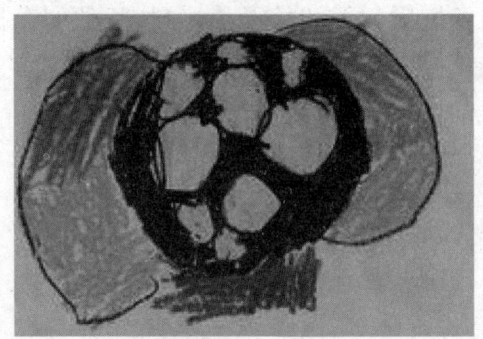

图 8-23 糖太少

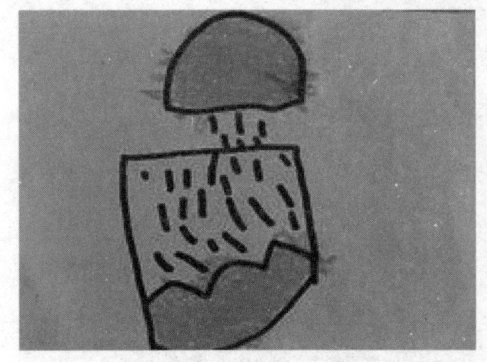

图 8-24 柠檬汁太少

图 8-25 火太大

经过讨论,幼儿对于这次桑葚果酱的失败提出了三种可能性:火太大、柠檬汁太少,如图 8-21~图 8-23 所示、糖太少,如图 8-23~图 8-25 所示。

教师感悟:在果酱制作遭遇失败的时候,幼儿能够回顾自己的制作过程,将观察到的现象与自己的生活经验相联系,并对失败的原因提出合理的猜测。教师则引导他们将自己的猜测用绘画的方式记录下来,便于之后更好地回顾探究的过程。

案例七：怎样计数才不会出错？

幼儿根据讨论出来的三种失败的原因，调整出了三个新的果酱配方。在展示新配方的过程中，大家发现4号、6号配方和之前的配方不一样了，在勺子和杯子后面写上了数字表示数量，如图8-26～图8-28所示。

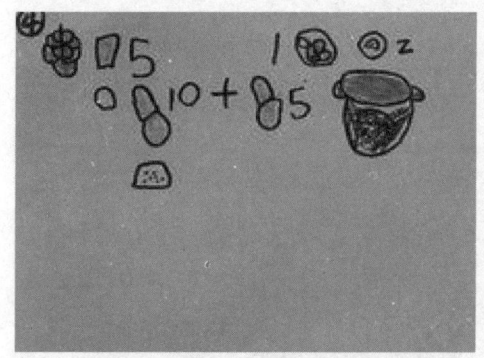

图8-26　4号配方

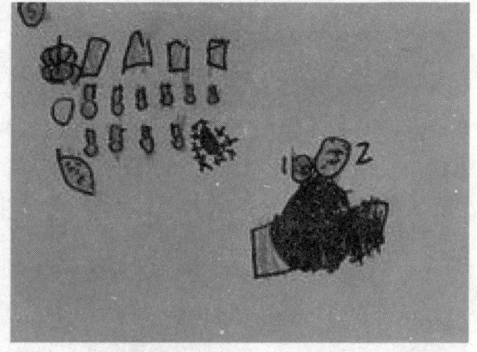

图8-27　5号配方

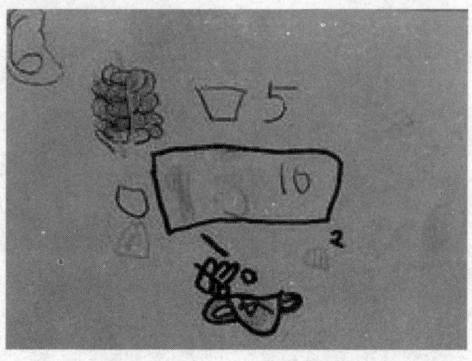

图8-28　6号配方

但是，在对照4号配方称量材料的时候，幼儿却遇到了问题。负责称量材料的琪琪和磊磊出现了分歧。

琪琪说："我已经放了7勺糖。"

磊磊却说："我明明记得是8勺，你一定数错了。"

计数为什么会出错呢？之前称量2号配方的时候又是怎么计数的呢？

瑶瑶拿着2号配方，指着上面的勺子说："放糖的时候哼哼帮我点勺子，这样就不会弄错了。"

原来的配方放几勺糖就画几个勺子，幼儿可以点着勺子计数，现在新的配方用数字表示勺子的数量，虽然画起来方便，但是却给准备材料的幼儿造成了计数上的困难，如图8-29～图8-30所示。

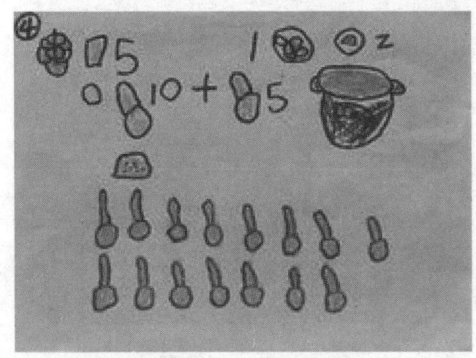

图8-29　调整4号配方

图8-30　调整6号配方

图8-31　5号和6号果酱

图8-32　调整火力

幼儿重新调整配方开展制作，这一次5号和6号果酱都成功了，如图8-31所示，4号又失败了，锅子糊得比上一次更严重。经过尝试，幼儿发现调小火、多加柠檬汁都有助于果酱成功，如图8-32、图8-33所示，而调大火、多加糖则会让果酱更容易失败。

图 8-33 挤柠檬汁

教师感悟：在绘制配方的过程中，幼儿能够用数字来表示物品的数量，但是，在实际操作的过程中，他们还需要用点数来提高计数的准确性。对于计数幼儿已经有了成功的经验，教师只要引导他们比较两次称量的不同之处，幼儿就能够自己想到解决的办法。

案例八：果酱的美味密码是什么？

果酱制作好后，幼儿品尝了两种成功的果酱，但是味道却让他们有些失望。两种果酱都太酸了，尤其是加了一整个柠檬的 2 号果酱。那么，怎样让果酱的味道变得更好呢？经过讨论之后，幼儿提出了两种调整配方的想法：加四分之一的柠檬和不加柠檬。

根据这两种想法，幼儿绘制了 7 号和 8 号果酱配方，如图 8-34、图 8-35 所示，并开展了制作，很幸运这一次两种果酱都成功了，而且味道都不错。但是 7 号果酱获得了更多幼儿的青睐，他们认为这种果酱不仅不酸，还会有柠檬的香味。于是幼儿按照这个调整之后的配方，把剩下的桑葚都做成了果酱，如图 8-36、图 8-37 所示。

图 8-34　7 号配方

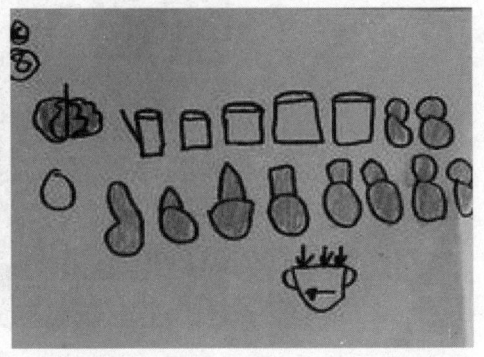

图 8-35　8 号配方

图 8-36　7 号和 8 号果酱

图 8-37　装罐的果酱

案例九：如何进行宣传？

幼儿成功制作出了好吃的桑葚果酱，解决了桑葚保存的问题。那么，怎样让更多的人知道这个保存桑葚的办法呢？

跃新说："可以把果酱给他们吃，他们会发现果酱很好吃的。"琳琳说："我们可以把果酱的做法画下来给他们看！"

为了让更多人了解桑葚果酱，幼儿举办了一场果酱试吃大会，邀请小班的弟弟妹妹品尝桑葚果酱，如图 8-38 所示。在他们品尝美食的同时，幼儿还会向他们介绍制作果酱保存桑葚的办法。

第八章 基于蚕桑资源主题活动的探索与实践

图 8-38　果酱试吃大会

后来,幼儿在图书区阅读了一本关于美食制作的图书《环游世界做苹果派》,他们也把自己制作桑葚果酱的故事做成了图书《桑葚果酱诞生记》,如图 8-39 所示。在这本书里,有他们制作桑葚果酱的故事,也有桑葚果酱的美味配方。他们把这本书放在了幼儿园的图书馆里,如图 8-40 所示,他们说:"这样,没吃过桑葚果酱的小朋友看到这本书,也能够知道怎么把桑葚做成桑葚果酱了。"

图 8-39　制作图书

图 8-40　把书放到图书馆

幼儿园里的桑树是幼儿的"好朋友",桑树上的每一颗桑葚都是幼儿看着长大的。所以,幼儿在探究如何保存桑葚这个问题的时候,他们自然地带着一种紧迫感和责任感。紧迫感和责任感驱动着幼儿积极主动地展开探索活动,在找寻保存方法、制作桑葚果酱、宣传桑葚果酱的一整个过程中,幼儿乐意尝试新的活动,不惧怕问题,能够积极主动地去思考,也能通过实践去验证自己的猜想。在成功解决了桑葚保存的问题之后,他们不仅获得了极大的满足感,也感受到了食物保存的不易,积极地去参与保存桑葚的宣传活动,让更多的人行动起来。活动中,幼儿积极主动,教师就选择适当地让位,在身后为他们提供适宜的支持,引发他们的进一步思考,为他们提供合适的方式进行记录和表达,帮助他们梳理自己的已有经验,促进他们在活动中获得更好的发展整体过程被幼儿绘制成图片,如图8-41～图8-47所示。

图8-41 封面

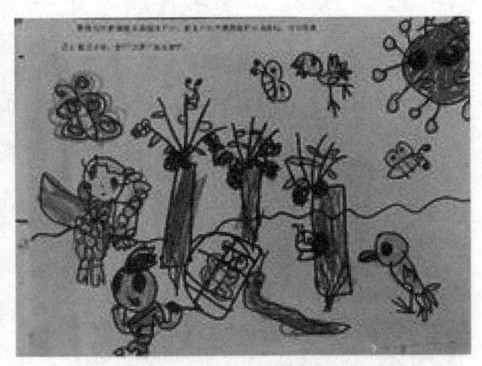

图8-42 采摘桑葚

图8-43 清洗桑葚

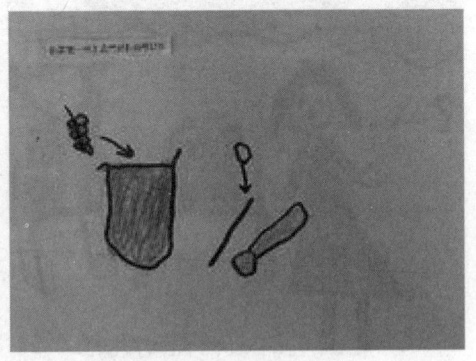

图8-44 称量工具

第八章　基于蚕桑资源主题活动的探索与实践

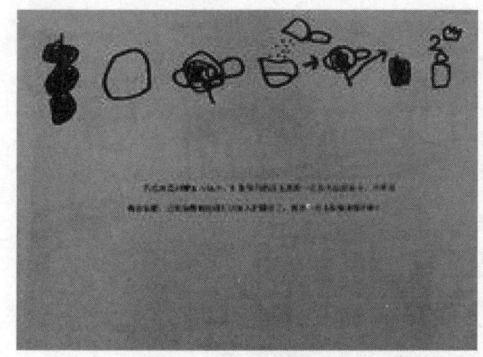

图 7-45　制作步骤

图 7-46　试吃大会

图 7-47　紫色的嘴巴

参考文献

[1] 米婧玮. 中国传统蚕桑文化在文创产品中的设计研究 [D]. 重庆：西南大学 .2020：15.

[2] 王菲. 亲近自然 探索自然 热爱自然—谈幼儿园种植课程建设 [J]. 好家长，2018，（24）：26.

[3] 赵寄石. 对托幼园所文化建设的思考 [J]. 早期教育，2006，（03）：6-7.

[4] 王先菊，贾丽莎. 有效开展幼儿自主性游戏的策略 [J]. 读写算，2019，（11）：39.

[5] 陶行知. 陶行知教育箴言 [M] 哈尔滨：哈尔滨出版社，2011(8)：102.

后 记
——致敬蚕桑资源课程化的建设者们

　　我园蚕桑资源课程化研究跨越了二十多年的历程。现在,蚕桑资源课程化的书稿即将完成,撰稿的过程是艰辛的,是一个不断提炼、不断反思和成长的过程。该书稿是全体蚕桑资源课程化建设者们的集体智慧,凝聚了全体建设者的辛勤汗水和心血。在此,向全体蚕桑资源课程化建设者致敬。

　　我园教师、幼儿、家长和社区的工作人员都是蚕桑资源课程化建设的主体,是你们勇于探索的敬业精神和不畏艰难的大胆实践成就了今天的课程,感谢你们有建设蚕桑资源课程化的决心和勇气。感谢苏州幼儿师范高等专科学校张晗博士和朱智红教授在课程建设方面的专业引领,为我园拨开课程建设的迷雾,得以迎接课程建设的第一缕曙光。这缕曙光不仅让课程建设者们看到了未来无限的可能,而且照亮了我园蚕桑特色品牌的建设之路。同时,感谢原吴江区教科室徐炳嵘主任对我园蚕桑资源课程化建设的支持和帮助。感谢陈逸婷、陈赟悦、盛朱蓓、缪建芬、张莉、朱佳岚、钮丽芳和沈雯雯、翟琳琳、陈洁、周诗雯、李祎可老师对我和贝勤英执笔本书稿时的支持和付出。